ごめんあそばせ　独断日本史

杉本苑子　永井路子

朝日文庫

本書は一九八八年一月、中公文庫より刊行されたものです。

目次

ごめんあそばせ　独断日本史

開かれた島国——古代王朝人の系譜

白村江の敗戦は何をもたらしたか

永井　私たちの戦後の憲法を、〝押しつけ憲法〟だと言う人もあるけど、奈良時代の律令制度もある意味では押しつけられて入ってきて、それを自分たちのものにしているわね。あれは壬申《じんしん》の乱（六七二年）とか、その前の日本が出兵して白村江《はくすきのえ》で敗北（六六三年）といった、国の内外の問題をぬきにしては考えられないことだと思うんだけれど……。

杉本　ところが、戦前の歴史教科書には「白村江の敗戦」など一行も載せてない。あれこそ第一次ポツダム宣言受諾ね。駐留軍が来、外交路線までが否応なく変わったのだもの。

永井　唐・百済《くだら》から二千人ぐらい来ているんですね。東アジアはあのときものすごく揺れている。その波動が、ちょうど日本にも及んできたとみれば、よくわかる。まずその影響をもろに受けたのが朝鮮半島でしょう。中国大陸における隋・唐といった統一国家の出現が、半島の新羅《しらぎ》・百済・高句麗《こうくり》に波乱を起こさせ、それが日本にも及んで来たわけね。

その当時は、朝鮮のほうが先進国だったと思うの。この間の「新羅千年展」を見たってすごいものね。

杉本 レベルが違う。ぜんぜん……。

永井 こちらはさいはての国、辺境の地よ。そこで先進文化に追いつこうとして、いろんな外国文化を受け入れていたら、そのご本家が揺れ出す。こちらもその影響を受けざるを得ない。黒岩重吾さんも書いておられるけれど、蘇我馬子《そがのうまこ》のあと、入鹿《いるか》の殺された乙巳《いっし》の変（六四五年）は、そうした東アジアの状勢の中で考えるべきね。

杉本 あのころの日本の政治はすべて、半島とのからみ合いで理解すべきね。日本は国運をかけて百済救援に軍を派遣する。

永井 そして白村江で大敗を喫する。向うは唐と新羅の連合軍でしょう。これはもう、物量ともにかなわない。

杉本 それにしても、日本ぐらい運のいい国はないと思うの。あのとき占領下におかれて消滅したって仕方がなかったし、元寇（蒙古《もうこ》襲来）のときも、タイムリーに台風が吹いてくれた。そして今度の大戦でもうまくアメリカの占領政策に乗ることができて、東西分断の悲劇を見ずにすみ、肥満児対策を憂慮するほどの経済大国にのし上れた。（笑）

永井 白村江の敗戦から中大兄《なかのおおえ》（後の天智《てんじ》天皇）は体勢をたてなおす。そのときには唐の律令制度を否応なく押しつけられたと思うわ。そのほうが進歩的だったたし、こちらも望むところだったでしょうが。近江令《おうみりょう》の存在は学会では問題になっているけど、あの時点ではつくらざるを得なかったと思うの。

杉本　そうよ。白村江の敗戦後、天智・中臣鎌足《なかとみのかまたり》路線で政局の危機的状況は切りぬけられたわけだけれども、二人の死後まで尾を引いて、近江朝廷の滅亡にその路線がどういう引き金の役を果たしたかということね。壬申の乱は、もちろんひとつには政治的な権力闘争だけど、同時にそれは、外交路線の変更をめぐる天智天皇と大海人《おおあま》皇子（後の天武天皇）側の対立だったわけよ。

永井　半島はその間にも大きく揺れ動く。はじめ新羅が唐の力をバックにして半島の統一をするけれども、唐の支配下から脱しようとして、むしろ高句麗や百済の遺民を焚きつけて、唐にゲリラ戦をやらせたりして。しかも唐も補給線が延びきって、半島経営を自分たちの手でやるわけにいかなくなり、その上、唐じたいの国内も不安になって、半島から退いていくわけね。当然、日本からも唐軍は引きあげる。そのときのことを、『日本書紀』ではもったいつけて、「日本は唐の人々にいろんなものを賜わった」なんて書いてあるけど、（笑）そうじゃなくて唐が、できるだけのものを日本から収奪して、引きあげていったのよ。それまで近江朝廷は、後ろに唐という陰の力があったからこそ、一応の安定を保っていた。

天智は学者や文人を優遇して、大津の都を小長安とすることを夢見ていた。

だからすごく唐風ね。たとえば薬狩《くすりがり》なんて唐の風習をそのまうけ入れたわけで、額田王《ぬかたのおおきみ》の「あかねさす紫野《むらさきの》ゆき標野《しめの》ゆき野守《のもり》は見ずや君が袖振る」もその時の歌だけれど、いわば終戦後われわれが熱心にクリスマスパーティをやったようなもので。（笑）

杉本　くす玉を作って飾るなどという、鵜呑みの風習もね。漏刻《ろうこく》（水時計）を作って時をはかり鐘鼓《しょうこ》を鳴らしたというのも唐文化の模倣だし、ハイカラ好みの天智は宮廷を中国風に華麗に飾っている。

ところが、バックがあやしくなってきた。当時の日本と朝鮮の交流は密接だから、新羅が半島状勢の変化を刻々伝えてくる。あるいは、「唐の勢力を追い出せ」というようなことも言ってきたかもしれないわね。

そういった背景を考えると、天智と天武の争いには、外交路線の問題が大きくからんでいるようね。権力争いだけではないのよ。天智が息子の大友皇子を皇太子につけたくて、弟の天武を追い出したというけれど、父性愛などより、弟との対外政策をめぐる対立が深刻化してきた。

永井　天武はむしろ、崩壊していく政府から手を引く。きれいな手でいたいという感じね。

杉本　そうね。共倒れの回避よ。

永井　だから天智が病床にいるときに、天武は「後は大友皇子と倭姫《やまとひめ》のお二人でなさい。私はこれにてさようなら」と出家して吉野へ行ってしまう。天智はほんとに協力者を失った。ひどく絶望的な思いで天武を見送ったのではないか。

杉本　天智の最晩年は、『扶桑略記』で見ると、「殿ご乱心」、（笑）何か哀れね。白い馬に乗って林の奥のほうへ駆け込んでいったようなイメージを書き手が書きたくなるような、哀れさね。

永井　哀れよ。むしろうまく天武は身を引く。これは、後ろに自分の後援者をもっているからよ。東国の力ももちろんだけれど、遠くは海外の新羅だわね。

中東状勢と同じね。遠くにはアメリカとソ連がいるわけ。吉野へは逃げたのではなくて、あそこは作戦基地だと思うの。

杉本　そうね。天武の意識の底にあったのは新羅よ。唐すらあしらいきれなくなっている新羅の存在にバックアップされていたことが、壬申の乱を起こす大きな精神的な支柱になったと思う。

永井　それではいよいよ独断と偏見でいきますか。（笑）

そういうことが背景にあって、壬申の乱を戦った。だから単なる皇位継承戦では決してないし、どちらが中小豪族に支持され、どちらが大豪族の支持を得たという分け方も、私にはちょっと疑問がありますね。

ただ天智の新体制に対して批判的だった人がいたことは確かで、たとえば大伴氏はその段階ではそうだったかもしれませんけど。やっぱりもっと重大なのは、国際関係の微妙な変化でしょうね。

そして結局、壬申の乱で近江朝は崩壊し、そして……。

杉本　飛鳥浄御原《あすかのきよみはら》朝廷ができれば、必然的に外交路線は新羅寄りとなる。

永井　そうね。ここで作られた飛鳥浄御原令というものがどういうものかはほんとはわかっていないし、その後にできた大宝令と似たようなものだと『続日本紀』には書いてあるけど、「似たようなもの」というのは一種の外交辞令であって、最近の学者の研究によると、ずいぶん違うものだということになりつつあるわね。

それはたぶん新羅の路線に非常に近かったのではないか。たとえば国の下に「評」というのがある。それを「こおり」と読む。これは朝鮮と同じらしい。大宝令ではこれが「郡」の字に変わるの。これは字だけの問題ではない。一大革命よ。

杉本　だから当然、夫帝のあとを享《う》けた鸕野讃良《うののさらら》皇女も……。

永井　いよいよ女帝（持統《じとう》）が現われましたね。

杉本　女帝の地位につけば、亡夫天武の路線の継承ということになりますね。これに対する巻き返しが、つぎは藤原氏を代表する不比等《ふひと》によって、起こされる。

不比等にしてみれば、近江朝廷の否定は即、その建設を支持した鎌足の否定、鎌足の栄光の否定ですもの、許容はできない。そこで藤原氏の強力な巻き返し作戦が展開される。それに対して持統から元明《げんめい》、元正《げんしょう》と続く蘇我系女帝系列がどのように結束し、抵抗しつづけるか、それが藤原京時代から奈良朝にかかる政争の、一本の巨大な柱ね。

蘇我氏の血脈と女帝の系譜

永井　もう一つ重大なことは、大宝令前後から現われる外交路線の変更よ。天武・持統朝には遣唐使派遣が一度もなくて、専ら遣新羅使。それがこの時期に遣唐使が復活するの。これは天武路線を継承した持統には承服できないことよ。とすればこれを推進したのは不比等ね。二人は提携するどころか対立していたと思うわ。持統には壬申の乱への復讐に見えたかもしれないわね。これは誰もあまり言っていないので、まだ独断と偏見の部に属しておりますが。（笑）いま、『美貌の女帝』という小説を書いているの。

それからもう一つ私が注目しているのは、女帝の系図なの。女帝は推古《すいこ》女帝から始まって、孝謙《こうけん》天皇（再祚《さいそ》して称徳《しょうとく》）まで六人、八代（皇極《こうぎょく》も再祚）。その間、男帝は七人、七代（弘文《こうぶん》＝大友皇子は除く）。この時期に女帝が集中しているの。それからもう一つ、その人たちの血筋を見ると、孝謙以外は、絶対に母系は蘇我氏よ。これが飛鳥から藤原までの女帝の資格の大前提ではなかったか。

これまでの説では「皇極は茅渟《ちぬ》王の娘で蘇我系ではない。舒明《じょめい》も蘇我系でなかったから、二人の間に生まれた中大兄は敢然と蘇我入鹿をやっつけたのだ」と言われてるけど、皇極の母は吉備姫王《きびのひめのおおきみ》ですよ。この人は推古女帝の姪で、純然たる蘇我系の娘よ。しかもこの人は、いまの馬子の墓の近くの島宮に住んでいた。そこを伝領して住んでいることは、この人が蘇我氏の中のプリンセスであったということが言えると思うの。

杉本 家刀自《いえとじ》ね。

永井 そう。推古も大家《おおとじ》（大刀自）です。彼女には田眼皇女《ためのひめみこ》という娘がいたけど死んでしまったらしい。その代わりをつとめてるのが、姪の吉備姫王じゃないかしら。彼女が茅渟王と結婚して生まれたのが、宝皇女《たからのひめみこ》で後の皇極女帝。彼女の夫が舒明ですけど、彼は、はじめは推古の娘田眼皇女と結婚しているの。そしてその後に皇極とまた結婚したのね。

そうしてみると、蘇我氏のだれかと結婚しないと、いわゆる天皇という名の男性になれないという感じがあるわね。

杉本 先進的だった蘇我氏の存在を、もう少し洗い直す必要があるのよね。蘇我氏の国際感覚や外交的手腕……。それを発揮して、日本国内でどのような権力機構を形成していったか。どのように富を蓄積したか。その富を駆使してどのように自家の勢力を拡張していったか。外来知識人をブレーンに取り込んで、経済・文化の両面で蘇我氏がどの

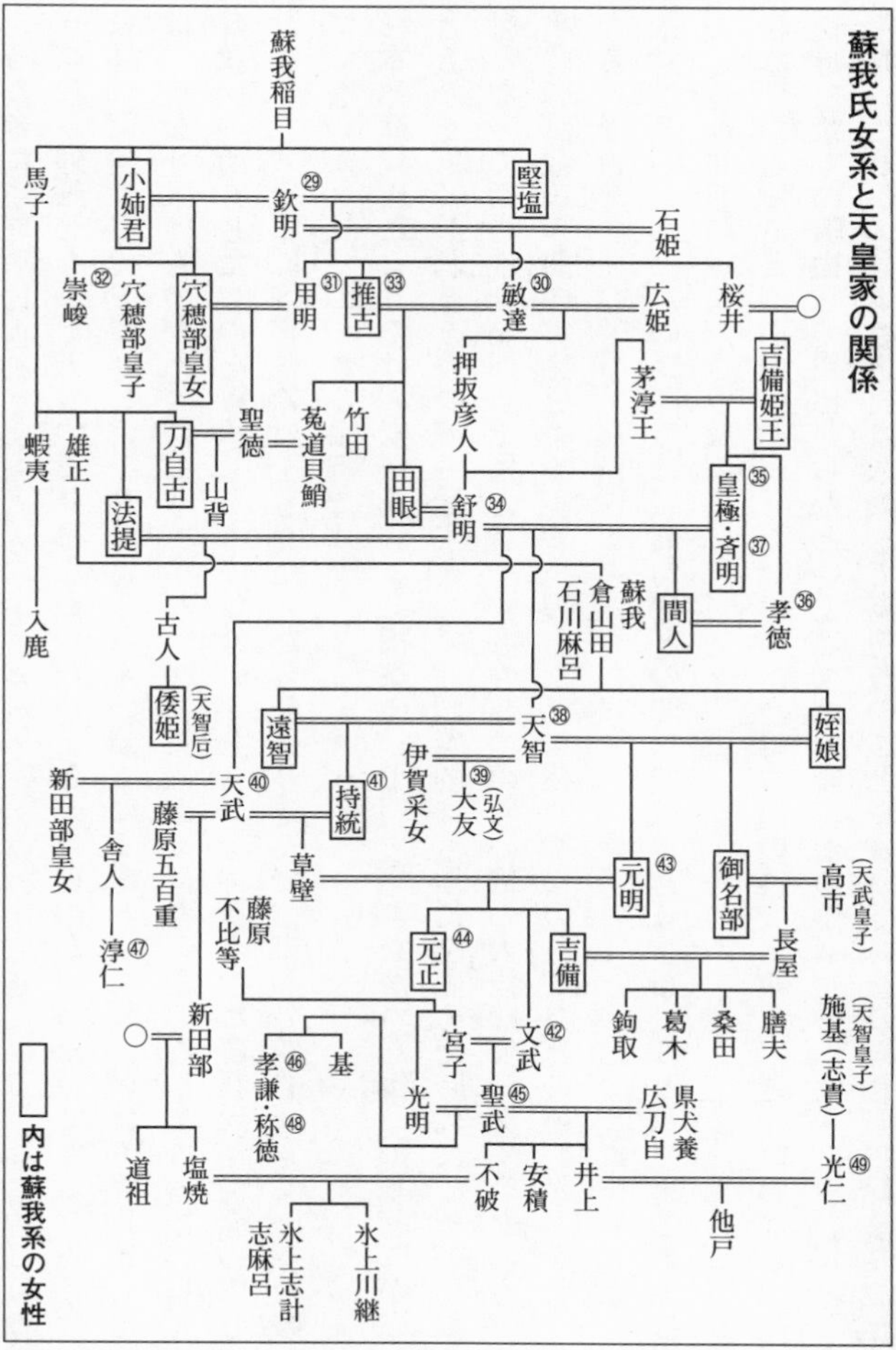
蘇我氏女系と天皇家の関係
蘇我稲目
馬子
小姉君
欽明 ㉙
堅塩
石姫
崇峻 ㉜
穴穂部皇子
穴穂部皇女
用明 ㉛
推古 ㉝
敏達 ㉚
広姫
桜井
押坂彦人
茅渟王
吉備姫王
蝦夷
雄正
刀自古
聖徳
菟道貝鮹
竹田
田眼
舒明 ㉞
皇極・斉明 ㉟ ㊲
法提
山背
古人
蘇我
倉山田
石川麻呂
間人
孝徳 ㊱
入鹿
倭姫
(天智后)
遠智
天智 ㊳
姪娘
伊賀采女
大友 ㊴
(弘文)
新田部皇女
天武 ㊵
持統 ㊶
舎人
藤原五百重
草壁
元明 ㊸
御名部
高市
(天武皇子)
淳仁 ㊼
藤原不比等
元正 ㊹
吉備
長屋
新田部
宮子
文武 ㊷
鉤取
葛木
桑田
膳夫
施基(志貴)
(天智皇子)
孝謙・称徳 ㊻ ㊽
基
光明
聖武 ㊺
広刀自
県犬養
道祖
塩焼
不破
安積
井上
光仁 ㊾
氷上志計志麻呂
氷上川継
他戸
□内は蘇我系の女性

ような地位を歴史に占めていったか、それを外交にポイントを置いて洗い直せば、「なぜ蘇我と通婚しないと天皇になり得なかったか」という理由が、わかってくると思う。

永井 東国の古代史に詳しい金井塚良一さんの調査によると、東国における蘇我氏の力は、かなり強いものがあったようですね。後に東国が天皇領みたいな形になったのは、蘇我氏の所有したものを継承したのではないかしら。金井塚さんは蘇我氏が開発の中心となって、そこに渡来系の血をもった人たちを送り込んで、東国の開発をしていったのではないかと見ておられるようですが。

杉本 蘇我氏というのは大変な氏族よ。極東の一小国にすぎなかった倭《わ》（やまと）が、ともかくも統治制度を持つ統一国家として、国際的にも地位を固めた時代に、その倭の軸となって指導性を発揮した権力者ですものね。のちの例の大極殿《だいごくでん》でのクーデターも、当時の蘇我氏の力の実態をよくよく把握した上で検討しないと、あとの解明がおかしくなる。

永井 そのいちばんの疑問点は、高句麗との関係がはっきりしないことね。馬子の墓は、むしろ高句麗の様式だそうね。

杉本 だとすると、面白いわね。だって馬子当時の倭の外交路線は、唐のいわゆる〝遠交近攻策〟に随従して、どちらかといえば反高句麗色が濃かったのだから……。

永井 なぜか『日本書紀』は意識して高句麗のことを書いていない。百済と新羅のことばかりなの。だけど高句麗との交渉もかなりあったのではないかしら。

杉本　蘇我氏は開明的だからね、表向きはどうあれ、裏面での交渉はあったかもしれない。

永井　蘇我氏は打倒されたというけれど、それは蝦夷《えみし》や入鹿（蝦夷の子）の一族であって、結局一種の内部分裂……。天智も天武も、いま見たように母方は蘇我系だし、しかも、倉山田《くらやまだ》（蘇我倉山田石川麻呂《いしかわまろ》）の娘が天智の許に二人入っている。それが結局持統を産み、元明を産んでいるわけですから、現実には、蘇我氏の血をひく女帝の支配がずっと続いているわけね。

しかも、壬申の乱後、飛鳥という蘇我氏の本拠に帰ってきてますね。これが飛鳥浄御原朝廷で、その後に移った藤原京というのも、発掘をしてみると、ほとんど飛鳥と連なっているようです。

杉本　そう。延長線上にあるわね。中大兄皇子と鎌足は倉山田の一族を利用するときだけ利用して、いらなくなると抹殺している。ところが持統以降の女帝は、石川麻呂の孫や曽孫ですものね。持統、元明は孫、元明の娘である元正天皇は曽孫ですもの、そういう人たちの感情面を推理すれば、これはもう嫌でも、反近江的、反鎌足的なものですよ。次の不比等との対立も起こるべくして起こったものだわ。

永井　石川麻呂の建てた山田寺が最近の発掘で問題になっているけれど、推定で言わせてもらうと、石川麻呂が非業の死を遂げた時点で、一度衰微していると思うの。それを石川麻呂の名誉回復の意味で天武から持統の間に造られたのが、いまの山田寺ではないかしら。

そうすると、例の仏頭はいまは興福寺にあるけれど、あれだけすばらしいものを造った理由もわかるような気がするわ。

杉本　無念晴らし。

永井　入鹿たちの造った飛鳥大仏よりずっと大きくて、無念晴らしというか、まさに名誉回復の象徴であり……。

杉本　それを天武と持統がやってのけたという点に意味がある。同時にまた、このことを不比等がどういう思いで見たか。平静でいるわけはない。藤原氏と女帝群の対立は時代を逐《お》って尖鋭化していったはずよ。

永井　まず、最初の対決が奈良遷都。飛鳥の地から元明を引き離したのは不比等の第一の勝利。要するに飛鳥という蘇我氏の本拠を否定したわけですからね。

杉本　天武・持統による近江否定の仕返しね。それと、少し時代はさがるけど、光明子《こうみょうし》(不比等の娘)の入内なども画期的といってよい藤原氏側の勝利ね。

永井　それまで蘇我氏でなければ天皇の后でなかったということから見ると。

杉本　その鉄の不文律をついに破り、藤原氏から、しかも人臣第一号と称してよい皇后を出したのですもの。聖武《しょうむ》天皇の母親は藤原宮子《みやこ》だから、さらにその後宮に光明子を入れて、外戚政治の一歩をふみ出したということは藤原氏にとっても日本史の上からも、エポックを劃《かく》す大事件よね。

永井　大変な系譜革命ですよ。

杉本　その意味からも長屋王《ながやのおう》家の覆滅は大問題だと思うの。

永井　長屋王の父親は天武天皇の第一皇子で、壬申の乱に活躍した高市《たけち》皇子。母親は元明の姉妹の御名部《みなべ》皇女（父親は天智）という人なの。これは絶対に蘇我系列ね。

杉本　蘇我系であり、女帝系列であり……。

永井　しかも長屋王の正妻は、元明の娘で元正の妹の吉備《きび》内親王、やはり蘇我系のプリンセスですね。

　ですから、長屋王は吉備とか元明・元正側の代表的人物として、藤原一族と最後の闘いをする。聖武天皇の母宮子を「大夫人《おおみおや》」と尊称せよ、という勅に「そういうのは律令に反している」とか、法理論で抵抗する。うるさくてしょうがないので、「左道を学んで国を傾けようとした」とかなんとかいって長屋王を殺してしまった。

杉本　最後の切り札は結局武力ね。正規の軍を動かすにはいろいろな手続きが要るでしょう。だからあらかじめ天皇の私兵軍団をつくっておいて、その勅命と称していきなり長屋王家を囲み、王や王妃を自殺に追い込む。

永井 藤原氏の本当の目的は吉備内親王を殺すことだったと思うの。倉山田系の娘と天皇家の間にできた子供の中で、天皇になっていないのは吉備内親王だけなの。当然なっていい人ですよ。

杉本 唯一の有資格者よね。

永井 彼女でなければ、その子供ね。元明は、長屋王の子供であるけれども自分の孫だから、皇孫の扱いをしたいと、要するに天皇の候補に入れる手をうっている。それを「そうはさせじ」と、藤原氏は無理やり長屋王と吉備とその子供を狙い討ちする。

杉本 あのとき不比等の妾腹の娘が長屋王の側妾になっていたけれども、彼女の子供たちの安宿王《あすかべ》、黄文王《きぶみ》、山背王《やましろ》らは全部おかまいなしで、藤原氏にひきとられて育っていますよ。つまり目的は、吉備王妃と王妃の息男の抹殺にだけあったわけ……。しかし長屋王の血をひいているのが祟《たた》って奈良朝に入ってから結局いろいろな事件に連坐させられて、黄文王も殺されてしまいますね。あくまで藤原氏は光明子腹の皇子をたてなければならない。

ところが藤原氏一族の期待の星だった男の子（基皇子《もとい》）は誕生後まもなく死んでしまう。そこで光明子を皇后に格上げしようとする。いま一人いたのは女の子だけれども皇后の所生ということになれば、女児でも帝位につけられますからね。これが孝謙女帝ね。

永井 長屋王の目の黒いうちは、とうとう光明子は皇后になれず、彼を殺してはじめて実現するのね。

でもまだ、元正という蘇我系の最後の女帝が、太上天皇として天皇の上にいたから、この人が生きている間は孝謙は皇位につけなかったわね。

杉本　そうね、元正太上天皇の睨みを、さすがに聖武帝は憚《はばか》ったのでしょう。三十近くになっていても、娘の即位を強行しえなかった。聖武という人はジレンマの塊りね。

律令制が女権に与えた影響

永井　母系社会とまでは言えないけど、女性の力は相当に強くて、持統と草壁《くさかべ》皇子との母子関係のように、共同統治のような形で権力を分け持つということはあったようですね。

これは天皇家だけでなく、一般の生活をみても同じね。家の中に大家《おおとじ》がいますね。どうも女帝というのは、中継ぎとかお祈りだけをやっている人ではなくて、一家の大黒柱ね。女の人がそうした地位にあって、息子と共同統治する形が、歴史の中ではあったのではないでしょうか。

私もよく知らないのだけれど、最近、ようやく家族の問題に関して、民族学のほうで、双系制ということがいわれているわね。単なる父系、母系だけでなくて、両方が微妙なかかわりをもちながら、影響しあっていく形。これは東南アジアに見られるらしいの。これが応用できると日本の形もぴたりと解るのだけれど。

杉本　経済の主導力はどっちが握っているの？

永井　両方が持っている。

杉本　相続権や祭祀権は？

永井　両方が影響しあっているの。だから母系だけとみるのも無理があるわね。といって、日本の場合は中国と違って絶対的な父系制と見るのも無理なのではないかしら。ところが父系の国の憲法である律令制度をそうでない日本に導入したのだから、ちぐはぐ、ぎくしゃくするのは当然なことね。

杉本　あたりまえね。

永井　ですから、現在の日本が四十年近くたっても、新しい憲法でぎくしゃくしているのは当然なの。もっと長くかからなければ自分のものにならない。

杉本　大家族制が崩壊して核家族化しただけでも、子供の非行問題、家庭内暴力、子育てにとまどっての育児ノイローゼ、あげくのはての母子心中なんて問題が発生するのですもの。おばあちゃんがいなくなる、おじいちゃんがいなくなる、冠婚葬祭すべてスタイルが変わる。

それと同じで、長い古代から、初めはシャーマン的家霊としての女、それを支える男というスタイルが、だんだん時代がさがるにつれて、男女同じ比率に近づく。さらに律令制度が入ってきて今度は本格的に無形化する。そこで問題が起こらないのはむしろおかしいですよ。

永井　そう。ですから大宝律令（七〇一年）ができたときには、相続権は男子だけにあるように作ったらしいの。ところがまったく実情に合わなくて改正し、養老律令（七五七年）では女子にも相続権を与えることになる。平安朝のころを見ると、財産の相続権は女子にもかなりあります。

杉本　平安朝に入ってからは女性の政界進出は、表面的にはなくなる。中宮や女御《にょうご》、その世話をする女房というだけの分野にとどまってしまうのは、制度上からの影響でしょうね。

同時に古代シャーマニズム的な女への対し方が、仏教・儒教が浸透するにつれて稀薄になっていったこともあるけれど、経済面だけを見ると、むしろ逆ね。女の子に莫大な遺領を譲っていくやり方は、それこそ室町ごろまで残っていて、いつも日本の大きな政争の禍因を作っている。八条女院領などその代表ね。膨大な遺領が天皇家から皇女にいくでしょう。それにむらがる金権亡者……。（笑）

たとえば、政権奪取のために兵を挙げるにしても軍資金が要る。公卿も武士も女院領に色目を使うわけよ。鎌倉・南北朝時代の大覚寺統《だいかくじとう》・持明院統《じみょういんとう》の皇位を争っての分裂抗争なんかも、因の一つに女院領への相続問題が絡んでいる。たとえば白河院とか鳥羽院のような院政時代に力を振るった帝王たちの莫大な遺産の行方を、史学者はもう一遍、研究課題として見直す必要があると思うの。

永井 いま、学会でもずいぶん女院領が問題になっているようですね。それが一体便宜的なものなのか、何で女院領という形で所領を集めるのか。いろいろ議論されて、まだ結論は出ていないようですけれども。

杉本 けっして名義だけのことではない。

永井 たとえば鳥羽天皇の寵愛を非常に受けた美福門院《びふくもんいん》は知行国をもっています。知行国を持つことは、国の守《かみ》の任命権を持つことで、いわば、派閥の親分が大臣を何人か出す権利を持つようなものね。

杉本 そう。政界への発言権を持つということ。

永井 何の国の守は、私に任命権があると、一ヵ国持っても大変なのに、東京大学の五味文彦さんの論文によると、美福門院は四ヵ国持っている。絶大なものです。

杉本 りっぱに派閥が形成できるわよね。政治というのはつくづくカネと派閥だわ。

永井 おもしろいのは交換するの。「備前の国はおまえにやるから、おれに播磨《はりま》をよこせ」とか、(笑)実にいい加減なの。

杉本 結局、律令制度の定着、摂関《せっかん》制度への移行という過程で、女性の進出は抑制されてしまったけれども、経済面での力は強く、さまざまな形で後遺症となって残ったということね。

永井　平安朝でも、母后の政治的な発言力は相当なものよ。

杉本　強大な影響力を保持していた。

永井　その意味では、天皇にこそならないけれども、実質的には母親が力を持っているわね。

だから、藤原氏の場合でも、その娘が天皇の后になっただけではだめなの。その娘が男の子を産んで、それが天皇にならなければね。そうなったときは、娘が母后、孫が天皇でしょう。じゃ、外祖父の大臣がいちばん強いかというとそうではなくて、いくらお祖父さんであっても、天皇にとっては臣下でね。

杉本　そうよね。祖父は臣下だが、お母さんは臣下ではない。お祖父さんは本をただせば、母の家系に吸収されるべき人間、婿の立場で、まあ、子供作りに通ってきた種つけ馬的な人間ですものね。しかも天皇家の臣下だから、これは当然お母さんの方が強いわけ……。

永井　だからその三つが一種の輪になっている。「ジャンケンポン」ね。本当はどれが強いかわからない。天皇と、お母さんと、お祖父さんと、その三つが輪になってうまく平衡をとっていれば、平安朝の世は安泰にいくのね。この中の一つが欠けるとだめ。摂関政治といっても摂関独裁ではないのね。その中での母后の力は見直されていいと思うわ。

杉本 結局財産権があるからね。財布の紐にぎっているオフクロは、いつの時代も強い。（笑）

長安へ長安へと草木もなびく遣唐使時代

永井 奈良朝初期には唐は安定していて、いちばん盛んな時代ですね。新羅も臣下の礼をとって朝貢している。だから日本も「さあ、うちも行かなきゃ」と。

杉本 長安へ長安へと草木もなびくわけね。天平勝宝度（七五二年）の遣唐使に藤原氏は清河《きよかわ》まで行かせているでしょ。清河は北家の藤原房前《ふささき》の四男、そうそうたる御曹司ですよ。

永井 万葉で光明子が言っているわね。

杉本 「大船に真《ま》楫繁貫《かじしじぬ》きこの吾子《あご》を韓国《からくに》（唐）へやる斎《いわ》へ神たち」というあの歌ね。

永井 唐の制度をどの程度とり入れるか。戦後、日本人がアメリカへ行って、帰ると「アメリカのデモクラシーは……」とぶった。あの時代よね。（笑）

杉本 奈良から平安初頭にかかるあの時代は、日本史のなかでも明治と匹敵するぐらいオープンな、外交的には本当に華やかな時代だったわね。

永井　そうですね。直輸入でいろいろな文化が入ってきているし……。あなた、遣唐使のどの辺がおもしろいの？

杉本　ずいぶん中途で挫折したのもいると思うの。清河とか阿倍仲麻呂《あべのなかまろ》みたいな偉物《えらぶつ》はともかくとして随行の中・下級官吏や留学生などの中には……。

永井　仲麻呂たちは向うで出世しているし……。

杉本　そう。唐朝に就職できた連中は仲麻呂のように「三笠《みかさ》の山にいでし月かも」と歌っていてもいいかもしれないけれど、（笑）そこまでに至らない若い人々が大都市長安の魅力にとりつかれて身をあやまり、結局、落ちこぼれて消息を断ってしまったなどというケースも多かったと思うの。作品でその運命を追ってみたい。

永井　おもしろいわね。向うですごい秀才だといわれても、こっちに帰って芽の出なかった橘逸勢《たちばなのはなのはなり》みたいな人もいるし。空海《くうかい》より頭がよかったんでしょう。

杉本　逸勢の場合、つまり彼という人間を内側から支える力が弱かったのね。後進国からの留学は、今も昔も、いかに大きなエネルギーが要るかということよ。
　ですから現在、日本にケニア、タンザニアとか、いろいろな国から留学生が技術を学びに来ているでしょう。言語や生活環境の違いから、大変な苦しみのなかで、日本人ですらめんどうな技術を学ぼうとしているのだから、精神的な重荷はなかなかのものよね。

しかも国を挙げての期待に応《こた》えて、エリート官僚、一級のエンジニアなど、責任あるポストにつかねばならない。

逸勢はそういうプレッシャーに負けたのね。そこへいくと空海は……。

永井 要領いいわね。

杉本 要領と同時に、やっぱり海と空よ。(笑) 空海の内部に潜むバイタリティが逸勢とは違うのね。私『檀林《だんりん》皇后私譜』の中では敗残者みたいになって逸勢が帰ってくることにしているけど、帰ってきても就職しない。

永井 ポストが見つからない。

杉本 こういうのに較べると、空海もそうだし、玄昉《げんぼう》や吉備真備《きびのまきび》なども怪物ね。最澄《さいちょう》は最も澄んだ人だけに、純粋に一所懸命学んで桓武《かんむ》天皇の期待を裏切るまいとした。真面目なりにエネルギーはあったわよ。そこへゆくと逸勢は弱い。

永井 私も『氷輪』の中で書いたけれども、藤原仲麻呂というその当時の政治の第一人者で、凄腕の人物の息子の刷雄《よしお》もちょい留学をしている。ハクをつけに行ってるわけ。

杉本 コロンビア大学ね。(笑)

永井 その刷雄は帰ってきてから出世しないの。仲麻呂の全盛時代ですよ。

杉本 どうしてかしら。

永井 刷雄は鑑真《がんじん》と一緒の船で帰ってくる。彼は鑑真の弟子で如宝《にょほう》という、胡《こ》の国の人

（中央アジア系）と交渉があったのではないかと思う。仲麻呂の息子たちは仲麻呂の乱で全部殺されるけど、彼だけは助かるの。そういう権力から離れた生き方もあるのではないかと思う。

杉本　遣唐使船の派遣の裏に、人間葛藤の種々相はあったでしょうね。空海、最澄、玄昉といった僧たちは別として、概して官吏の場合、みなさほど出世をしてはいないでしょう。大伴古麻呂《こまろ》なんか後年、橘奈良麿の変に連坐して獄死してしまっている。彼らは権力機構の機密にわたる部分にはどこか入り込みにくい雰囲気を身につけて帰っていたのかもしれないし、また入り込ませなかった。

永井　だから清河が帰ってきていたらどうなっていたか、おもしろいところなんだけれど……。

杉本　そうね。彼が無事に帰ってたら、どうなったかなあ。

責任をとりつづけた桓武天皇

永井　律令機構が入ってきても、いろいろなところで手直し、手直ししながらいく。そうするとある時期に、「ここで曲がり過ぎたから、もうちょっと元へ戻さなければいけない」という人が必ず出てくる。その意味から桓武天皇はたいへんおもしろいと思うの。

杉本　おもしろいわね、桓武は。

永井　ちょうど道鏡《どうきょう》が出てきて、孝謙女帝の時代には行き詰まる。その時に桓武が出てくる。

彼は壮年に達してから天皇になる。生母の高野新笠《にいかさ》は百済からの亡命民の後裔である和乙継《やまとのおとつぐ》の娘《むすめ》ね。こういう人が即位するのはめずらしいわね。

杉本　それからおもしろいのは、桓武とタイアップして長岡京の建設を推進した藤原薬《くす》子《こ》の父種継《たねつぐ》。彼の母親が秦《はた》氏ですね。ですからあの君臣は、母親が両方とも渡来系ということで、ひどくウマが合ったと思うの。

永井　とにかくここで渡来系の文化人が、また新しく注射されるのね。長岡京や、京都の平安京というものの経済的バックになっているのは彼らね。

杉本　桓武は、辛酉《しんゆう》の年（七八一年）に即位する。天の命《めい》が改まる年ね。

永井　中国では、革命の年ということになっている。六十年に一遍ですから。そのときに即位するから、「おれは革命の天子だ」と思うのも、無理はない。

杉本　思うというより、そもそも藤原式家の百川《ももかわ》あたりが強引に山部《やまべ》親王（桓武）を権力の座につけたでしょ。だから、たまたま辛酉の年に当ったのを、彼らはその無理をカバーするために意識的に利用しようとしたのかもしれない。

永井　そして三年後の甲子《かっし》は革令の年よ。そのとき長岡に遷都する。しかも仏教に訣別してしまうの。あのときくらい中国の道教的なものに日本が近寄ったときはないわね。それに長岡京には絶対に奈良の都の南で天神を祀ったりしたのも中国風のやり方ね。それに長岡京には絶対に奈良の都の寺を移さなかったわね。

杉本　そうよ。あのへんでぶち切らなければどうにもならなかったからね。

永井　だから新しい路線。同じ中国路線ですが、どちらかといえば道教的な色彩の強い中国文化を中心にすえてやっていく。

杉本　光仁《こうにん》帝の皇后になったのは聖武と県犬養広刀自《あがたのいぬかいのひろとじ》の娘の井上《いのえ》内親王だけど、桓武は彼女と彼女の所生の他戸《おさべ》皇太子を片づけ、即位すると、すぐ弟の早良《さわら》親王までを藤原種継事件（七八五年）にひっかけて殺したわね。そういう怨霊に対して、道教的な思想はどう受けとめてるの？

永井　怨霊には、いろいろな面があるみたいな感じね。道教イコール怨霊とはいえない。

杉本　桓武は「朕こそ天の命改まって出てきた天子である」という自信を裏付けるように、長岡京・平安京の造都と、蝦夷討伐の二大柱を施政の根本に据えてそれに取り組んだ強い帝王だったけれども、他面、早良親王に崇道《すどう》天皇の称号を追贈するとか、井上皇后母子のために寺を建てるとか怨魂鎮撫にも狂奔しているでしょう。心の底では恐怖してたのね。

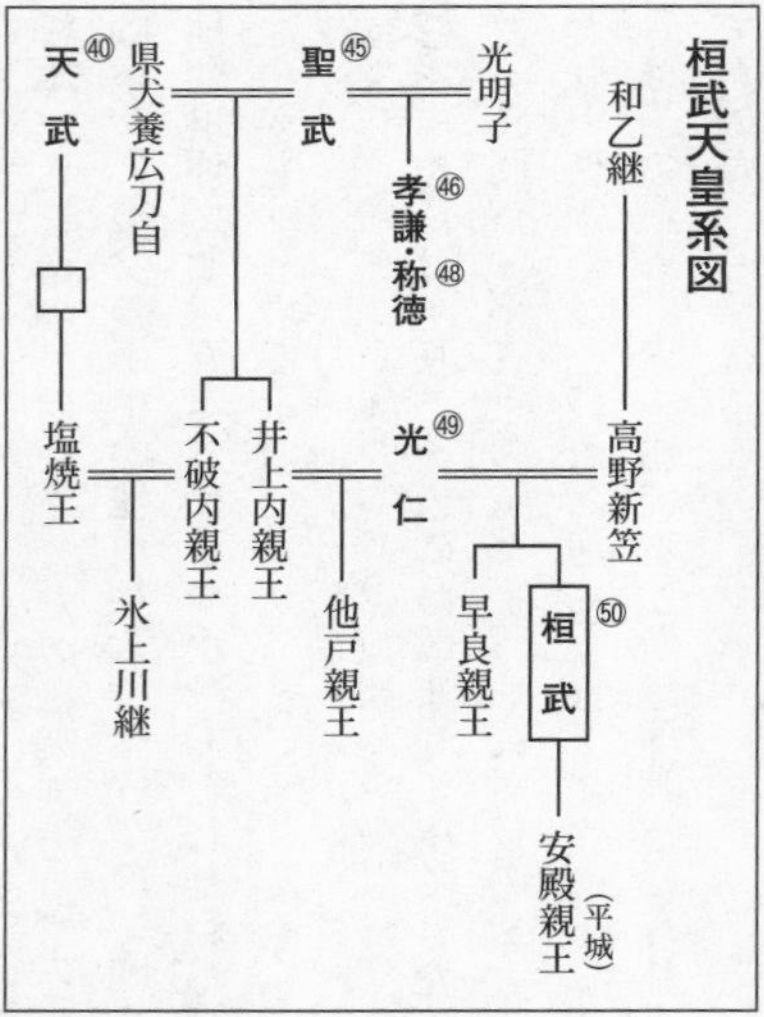

永井　桓武が強かったのは、数年間だけ。

杉本　晩年はメタメタね。私、最澄の唐国派遣は、何とかそれによって精神的な打開を策そうとしたのではないかと思うの。桓武は最澄の帰ってくるのを待ちに待っている感じですもの。最澄もまた、桓武の枕頭に一刻も早く駆けもどろうとして、空海が長安でオダをあげているとき、一路天台山に直行し、天台密教の教義を学んで、一年ほどで急いで帰ってくる。私はそこに、桓武のあせりと、それに応えようとした律儀な最澄の姿を見る思いがするの。

永井　奈良の仏教には訣別してしまったし、そうかといっていくら怨霊を封じこめようと思っても、ますます災難がやってくる。これはどうにもならないという恐怖に襲われたとき、時を同じうして最澄は奈良の仏教の行き詰まりを感じて、「もっと新しいものがあるのではないか」と考えはじめている。

そのときに彼が読んだのが、天台宗の摩訶止観《まかしかん》と、法華玄義《ほっけげんぎ》といった天台経典なの。これは鑑真がもってきたものだけど、日本の僧たちは天台教学が理解できなくて蔵の中で眠っていたの。最澄は非常に純粋に宗教的にそれを求めていく。

道教にないもの、自分が否定してしまった仏教にないものがないだろうかと求めていた桓武と気持が一致したのね。

桓武は帝王としては立派よ。自分のやったことに責任を感じている点でも……。

杉本　それから聖武帝ね。彼も非常に慚愧《ざんき》した天皇ですよ。

永井　そうそう。悔いをもっているわね。

杉本　詔勅の中でだけど、あのくらい自分のいたらなさをくり返し民に詫びた人はいない。自分の帝徳が欠けているからこそ、疫病が起こる飢饉が起こる。まことにすまない、恥ずかしいと聖武帝は詔で何度も述べている。

永井　その意味で、天皇が自分のやったことに責任をもつのは、桓武までね。

杉本　そうね。桓武は死の半年ぐらい前に、藤原緒嗣《おつぐ》を病室に呼んで、「徳政について、忌憚のない意見を述べよ」と求めたでしょう。そのとき、「天下万民の苦しみの二大原因は、造都と蝦夷への出兵である。これをやめれば、百姓《ひやくせい》安からん」と緒嗣が直言するわね。それを聞きとどけて、ただちに桓武は平安宮の建設中止、第四次蝦夷東征の中止を決定する。やはりこんなところに、桓武の心中に巣くう慚愧の深さが現われるのね。

彼は井上皇后母子や早良親王たち犠牲者の屍の上に、帝座を築いた人ですからね。

永井　シェイクスピアなら、「ああ、おれの手は血だらけだ」と言いたいところ。

杉本　そういう恐怖や慚愧を抱きながら、老いて病いが篤くなって、いよいよ井上皇后や早良親王の怨霊の待つ冥府の闇に、従者もなく、たった一人で行かなくてはならなくなった。

永井　その恐怖の中で最後まで責任をとりつづけたところは、買えるわね。

杉本　そう、さすがに、帝王としての自責があった。

永井　最澄は、結局桓武のためにはならなかったけれども、もうひとつ深いところで、本当に中国の仏教をもってきた人ね。その意味で、文化の接触の仕方が制度とかなんとかでなくて、魂の問題になってきたという点で意味があったわね。

杉本　そうね、〝心〟の運び手の出現ね。遣唐使の第一次輸入は、制度や文物だったけど、平安初頭に入るとはじめて魂の輸入、精神の輸入にまで深まってきた。

永井　それ、わかるわね。われわれの戦後の外国文化との接触にしても、はじめチョコレートとかタバコ。（笑）それから民主主義のお勉強。が、やがてアメリカへの批判も出てくる。

制度、文物から精神の導入へ

杉本　ところが、だんだんと精神の輸入というあたりから、唐離れが始まる。唐離れにはいろいろな原因があるけれど、直輸入はなじまなくなる。この、「なじみません」という曖昧な言葉は政治家の常套語だから大きらいだけど。（笑）ストップ・ザ・遣唐使では、菅原道真《すがわらのみちざね》あたりがクローズアップされてくるわね。現象的にはどう解釈できる？

永井　それはもう、外国の事情も変わっているから。

杉本　それからこちら側は？

永井　こちら側の律令制の時代も変わってしまうわけ。

杉本　摂関体制に完全に移行する……。

永井　桓武と平城は、それでも一所懸命律令再建を考えてるわね。でも嵯峨《さが》になると「自分の寸法に合わないフロックコートなんか脱いでしまえ、浴衣がいいや」という感じがあるわね。

杉本　それとやはり、藤原北家の擡頭《たいとう》ね。北家がすっかり政治のイニシアチブをとって、彼らの荘園を増やしはじめるから、律令体制を支えた班田収授制もぐらつき出す。経済基盤からして政界の体質が変化しはじめてきたわけね。それと権力の座の藤原氏への完全移行……。

永井 ふつうこれ以後を和風文化の時代というけれどそうではないわね。

杉本 文化の面では絶対にそうではない。あいかわらずの漢才偏重よ。むしろ平安朝のほうが、清少納言《せいしょうなごん》ではないけれど唐風のひけらかしが横行した。（笑）女房までがみな『白氏文集《はくしもんじゆう》』ぐらいは諳《そら》んじていて、「香炉峰《こうろほう》の雪はいかに……」とやらなければ通用しない時代ですもの。

永井 いまだって、入社試験で語学ができないと、まず落ちるようなものね。

杉本 経史の学こそが、当時の官吏の表芸だった。私、岩波書店の「古典を読む」シリーズで、『伊勢物語』について書いたんだけど、『三代実録』の卒伝なんか読むと、在原業平《ありわらのなりひら》あたり「才学なし」と一刀両断ね。和歌に長じてたことなんか、けっして官界では正式に認められないのよ。

永井 いま『大鏡』を読んでいておもしろいと思うのは、「やまとだましい」という言葉ね。それは、臨機応変で機転がきいて、実用的だということなの。（笑）ナショナリズムの大和魂でなくて、実用的にものの役に立つということでそれなりに評価してるわけ。

杉本 「とどめおかまし大和魂」の時代とは、ぜんぜん違うわね。

永井 やはり中心は漢詩漢文よ。そして律令制度はともかく明治直前まで続くんだから

杉本　……。

永井　ストップ・ザ・遣唐使は、費用がかかりすぎるということもある。つまり人的、物的にリスクが大きすぎるのね。でも、航海技術は少しずつでも進歩してきたり、東シナ海の気象条件もはじめのころよりわかってきているでしょう。

杉本　それと、いわゆる日本の宮廷自身の矮小化ね。それは自分たちも意識していて、日本は亡弊《ぼうへい》の国だから他国に見せたくない、と言っているわね。でも国交はしていないけれど、実質的な経済交流はずっとある。大宰府が一種の貿易公社で、情報も入ってくる。

永井　しかし情報の入り方はやや遅い。たとえば安禄山《あんろくざん》の変（七五五—七年）が向うで起こっても、日本に伝わるのはだいぶあと……。

杉本　安禄山のころはまだ公的交渉があった時代だけど、ずっと遅れてニュースが伝わっているわね。外交的感覚はだめだったのかしら。

永井　それは現代でもそうよ。中国と米国に頭越しに握手されてはじめて仰天する始末だもの。私、想像するの。長安に比べて大宰府や難波の外賓接待所は貧弱だったろうなって……。螺鈿《らでん》のテーブルや椅子を置いて、中国風の絹絵の灯籠などぶらさげてせいぜいがんばったのではあろうけど……。

杉本　いまでも赤坂の迎賓館は……。（笑）なまじベルサイユ風だからいけないの。べルサイユに比べて余りに貧弱。

杉本　でも外国のお偉いさんたちを、桂《かつら》離宮だの修学院《しゅがくいん》離宮だのに連れていくのも考えものよ。青い目で見たらニッパハウス（編集部注＝屋根をニッパヤシの葉でふいた家）よ。（笑）ベルサイユを見ている目では侘びやさびや渋さなんて、結局はちんぷんかんだもの。

永井　経済的な実質を目指してもう一度日中国交をやったのが平清盛《きよもり》……。

杉本　そうね。清盛はおもしろいわ。あれは田中角栄の日中国交回復に似てますよ。もともと父親の忠盛《ただもり》、祖父の正盛《まさもり》時代から、西海の制海権を握って貿易で太ってきた武族ですから、下地はあるわけです。音戸《おんど》の瀬戸を開いたり、神戸を開港したり、度胸もある。

永井　大宰府からこっちへは外国人は入れてはいけないことになっていた。白村江の敗戦で懲りていますからね。それを清盛は、瀬戸内海を通らせて神戸まで入れたのですから、これは大英断ですよ。平重盛《しげもり》が中国の寺にお金を献じたとかいうし、中国との交流はかなりあるのね。たとえば道長の時代に、お坊さんが宋に行く時など、それに願文を託したりするし。いわゆる国と国ではないけれども、個人と個人みたいな形で交渉している。おもしろいのは、日本の数珠などを珍重するの。成尋阿闍梨《じょうじんあじゃり》という人が平安の末期近くに向うへ行くのね。そのときにどのくらいのものをもっていったとか、向うで何をあげたとか、『参天台五台山記』というのに詳しく出ている。だから正式国交はないといっても、まったくの鎖国ではない。

杉本　民間レベルでの行き来はあった。

永井　それが特に平安時代にはかなり盛んになっていたし、そのあと、武家時代になると、鎌倉へ宋船が直行しますね。

杉本　そうね。禅宗の移入で、やっと本当に、魂の交流時代に入ったわけよね。ところで私たち、今回はわりにおとなしかったじゃない？　次はもっと大いに独断偏見でやりましょう。

永井　賛成！

女と怨霊でうごく平安王朝

平和な〝不安〟朝四百年

杉本　平安朝と一言で言うけど、長いわよね。四百年間ぐらいかな?

永井　そうそう、四百年になるわねえ。

杉本　徳川三百年と対比できる長い時代でしょ。しかも、同じように戦争らしい戦争がなかった、刀伊《とい》の来襲（一〇一九年、沿海《えんかい》州地方の女真《じょしん》族が対馬・壱岐を襲い、博多湾に侵入。当時の大宰権帥《だざいのごんのそち》は藤原隆家）ぐらいなものよ。それだって中央じゃ、「九州のことだ」ぐらいで、のほほんと構えてた。その意味では文字通り平安朝よ。

永井　そうなのよ。それこそ平安朝で、いかにも淀んだ水がゆったり動いているような、その意味で平和なんだけど、時代そのものは決して沈滞ではない、下は大変な勢いで変わっている。だから、本当は不安朝なのよね。それが平安朝で過ぎるところがおもしろいのねえ。

　上の政治は矮小化して、小さな小さな内閣がやっていて、そこを見ると非常にきらびやかだけども、実際は受領《ずりょう》が地方を押さえてしまっている。

杉本　そうよね。譬えて言うと、清和源氏から出ながら、受領として地方に下って、富

源満仲、頼光の系図

清和天皇—貞純親王—経基—満仲┬頼光
　　　　　　　　　　　　　　├頼親
　　　　　　　　　　　　　　└頼信—頼義—義家

力をつけて中央に再アタックしてきた源満仲《みつなか》とか頼光《よりみつ》。頼光は大江山の鬼退治で有名だけど、彼の道長《みちなが》へのとりいり方をみると、その財力はものすごい。ひとにぎりの閣僚層を時代の声に応じて大きく動かしていったのは、ああいう一種の新興階層ね。

永井　それでいながら、頼光たちは、そのことをまだ意識してないのよ。

杉本　そう。自分らの力が時代の動向にどう作用しつつあるか、動かすほうも動かされるほうもそこまでの認識はない。

永井　だけど今だってさ、政治家はみんな財力に動かされているんだから。

杉本　摂関《せっかん》体制下での布石の第一歩は、まず娘を入内《じゅだい》させるわけだけど、天皇を自分の家に連れて来るわけにいかないから、宮中に娘の居場所をしつらえて、女房をはじめ家具調度、何もかも運びこんで、天皇を婿に取りこむ……。

永井　そう、ずいぶんいろいろな物を運びこんじゃうのよね。

杉本　この外祖父母の力こそ、摂関政治を語る場合、見逃せない大問題だと思う。

永井　そうね。だけど外祖父母の力は、娘が天皇にお嫁に行っただけではダメなんですよね。

杉本　そうなの。皇子を産まなきゃ。

永井　皇子を産んで、それが皇位を約束されるところまでいかないといけない。だから言ってみれば、子供を産む競争よね。実にえげつない。

杉本　そう。道長が「欠けたることもなし」と自讃する所にまで行けたのは、娘がみんな優秀だったからよ。才色兼備、それもあるけど、じつにうまいこと、産んでくれているのよね。

永井　まず娘の彰子《しょうし》が一条天皇の皇子を二人。また、タイミングがいいのね。偶然とばかり言えない感じ。

杉本　そうね。娘の年齢も、少々天皇より年上、というケースはあったにせよ、ほぼ釣り合って適齢期に達し、うまく入内できてる。だけど年回りも妊娠も人為を越えた偶然なんだから、やっぱり道長っていうのは、強運の人よ。

永井　それに比べてお兄さんの道隆《みちたか》は、『枕草子』ではあんなに立派に書かれていても、運がないのね。娘の定子《ていし》が一条天皇のお后になっているんですけど、ついに彼女が懐妊して子供を産むのを見ないで死んじゃうのよ。（脩子《しゅうし》内親王・敦康《あつやす》親王の誕生は道隆の死後）

杉本　そうなると、もう定子には強力な後楯がないから力を失ってしまう。それに生まれたのが皇子ではなく、皇女だったのも痛かった。摂関政治は偶然にたよる部分が非常に大きい。だから、それ加持祈禱《きとう》だ呪詛だ祟《たた》りだと、迷信的になるのも無理はない。

永井　でも、ある意味ではもともと歴史には非常に偶然がある。戦後なんて、上層部が追放されたおかげで出てきた政治家がたくさんいるじゃない。

杉本　戦犯やパージにひっかかって目の上の瘤がとれたおかげで、第二世代が浮上してゆけた。

それと、疫病ね。奈良朝末から平安朝という時代を考えるとき、流行病が歴史に及ぼした影響を度外視できない。藤原四兄弟（不比等《ふひと》の息子の武智麻呂《むちまろ》、房前《ふささき》、宇合《うまかい》、麻呂《まろ》の兄弟。それぞれ南家《なんけ》、北家《ほっけ》、式家《しきけ》、京家《きょうけ》の祖）が次々と死ぬとか、道長の時代に赤疱瘡《あかもがさ》の流行で要路の顕官が何人も死ぬなど、政局を変える大きな原因になっている。これも偶然。当時の医学知識では手の打ちようがないじゃない？

だけども、そういう偶発的な事件の間を縫いながら、失火に見せかけた放火だの病死に見せかけた謀殺といった人為も働いている。例えば安和《あんな》の変（九六九年、醍醐天皇の皇子、左大臣源高明《たかあきら》が藤原氏の陰謀で大宰府に左遷された事件）の直後に源高明の家が焼けたでしょ。中関白家《なかのかんぱくけ》事件（伊周《これちか》の女のもとに通っていると誤解された花山法皇に、伊周の弟隆家が帰路を待ち伏せて矢を射かけた事件。内大臣伊周と権中納言隆家は流罪とされ、道長の権力が確立する）のときに定子（一条天皇の后、伊周の妹）の住居が焼けたのもそうだし、三条帝が退位する（外孫の敦成《あつひら》親王＝後の後一条天皇を天皇に推し、摂政となろうとする道長は様々のいやがらせをして三条帝を退位に追いこむ）直前に内裏が焼けたなどという事件も、失火で片づけるにはうさん臭すぎる。

永井　そう。それで、内裏が復旧したら退位すると言っていると、できた途端にまた焼けちゃってね。惨めな恰好で退位する。

杉本　これでもか、これでもかといじめる。その、いじめの手段の一つに、政敵の屋敷を火にかけてしまうプランが組み込まれているわけよ。それから、病死に見せかけた毒殺。病死にしては実に怪しい、一服もったんでは、と思われる例がいっぱいあるでしょ。

藤原氏系図

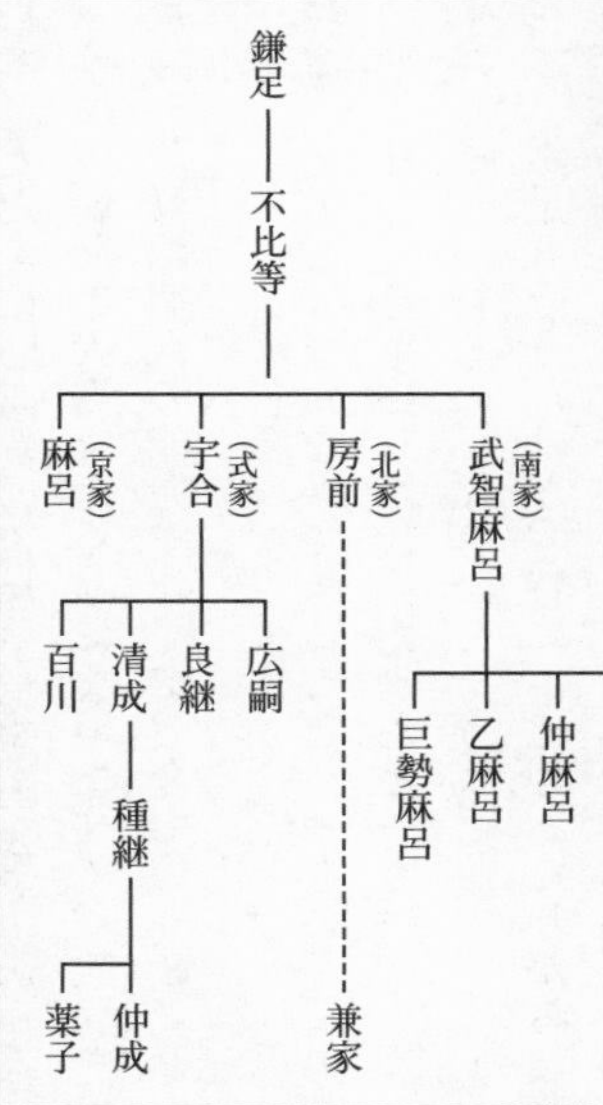

永井　そう、そう。

杉本　それから、流言、呪詛、怨霊の利用。

永井　今でいう情報宣伝戦ですよ。ソ連が攻めてくると脅《おど》して世論づくりをするとか。それをもう少しおどろおどろしくして、怨霊。言ってみれば、「スターリンの怨霊が……」というのと同じことなのね。（笑）

杉本　とたんに防衛費の追加予算が国会で認められたりして。（笑）ともかくそういうふうに、偶発と人為をたくみにないまぜて、政局を思うほうに持っていく能力……。

永井　それは個人の能力でなくて、今でいう政党と同じよ。主流派と反主流派、それに野党。

杉本　一人じゃなかなかできることじゃない。その意味で、藤原氏という一族はキラ星の如く能力者を輩出した氏族だったと思う。

永井　そう、初めの不比等からそうよ。

杉本　鎌足もそうだけど、特に不比等あたりから顕著になってゆくわね。四兄弟が疫病でポシャっても、仲麻呂だ百川《ももかわ》だ種継だ薬子《くすこ》だと、次々に凄腕《すごうで》が出てくるでしょう。

私は、だから日本人は、もっと藤原氏に注目すべきだと思うのよ。何かというとすぐ、織田、豊臣、徳川とくるけど、藤原氏が四百年にわたって駆使してきた能力は、戦国武将の天下取りみたいな単純なものじゃないわ。

永井　現代は、武力に訴えたり、独裁的にやれる時代じゃない。

杉本　それなのに、「信長に会社経営の指針を学ぼう」だものね。

永井　現代には信長や家康は通用しない。それにまた、信長などに対して誤解がありすぎるわね。彼はむしろ天才じゃなくて努力の人よ。

杉本　社会背景も精神基盤もまったく違う。むしろ平安朝の高級官吏らが弄した政治的駆け引きだの術策のほうが、はるかに現代の政治悪や政界の在り方と共通するものを持っている。

藤原道長の強運、女運

永井　今度、道長を書いて（『この世をば』）みてわかったんだけど、彼の生涯は決していつもスムーズにいっているわけではない。いろいろ苦労があるし……。

杉本　危機もあったわよ。

永井　そう。むしろ平凡な人間なの。凡人が偶然にも権力の座につくめぐりあわせになって、かえって四苦八苦……。

杉本　三男坊に生まれたことはかえって良かったと思うな。

永井　当時は長男でないと出世しませんからね。三男というけど、五男なのよ。次男の道綱《みちつな》と四男の道義《みちよし》というのは腹ちがいで能力も人並み以下だったらしい。道長もなかなか従三位《じゅさんみ》になれないで、二十歳過ぎまでうろちょろしてるの。

杉本　三位《さんみ》にまで昇らなければ、どうしようもないものね。三位になり公卿《くぎょう》とならなきゃ、閣僚としての実力を発揮できないものね。

永井　四位と三位というのは、今で言うと、普通の社員と取締役ぐらいの違いがある。

杉本　だから三等重役であっても重役になるには、三位までいかなきゃ。

永井　閣僚の尻尾が参議ですからね。しかし、これが難関でなかなか入れない。やはりいちばん強運なのは道隆でスイスイ上っていく。そこで、道長は源雅信《まさのぶ》という左大臣の娘に狙いをつけるんですよ。ところが雅信は、「ダメ、ダメ。あんな嘴《くちばし》の黄色い若造は、三位にもなっていないじゃないか」。左大臣といえば総理大臣ですからね。中曽根首相の娘婿に通産省の係長では、まずいわけよ。（笑）

杉本　だけど、倫子《りんし》のお母さんの穆子《ぼくし》、彼女は目があるわよ。

永井　そう、人を見る眼があるわね。

杉本　若き日の、まだ係長時代の道長に注目した眼力は、たいしたものよ。

永井　でも、そういうふうに女の人が娘の結婚のイニシアチブをとるのは、古代からの日本のあり方ね。『万葉集』の歌を見ても、男が女のところを訪ねると、おふくろさんが目を光らせている。それで、「おまえの母に怒られて、俺はすごすご帰っていく」なんて言っている。雷オヤジはいないのよ。もっとも当時は通い婚だからお父さんは不在かもしれない。でも、とにかく母権は強い。

杉本　いまさら女権の拡張をうんぬんするけど、歴史は母方の力で支えられもし、動かされてもきてますよ。

永井　それでいよいよ婿に迎えるでしょう。すると、この穆子は、下の妹に迎えた道綱

――道綱というのは、母は『蜻蛉日記《かげろう》』の著者で、道長の腹違いの兄ですけど――と二人に、毎年ちゃんと衣服を一そろえプレゼントするの。これがかなりのものですよ。今度、佐倉の歴史民俗博物館でつくったら、一千万円以上かかったって。

杉本　穆子は、道綱が頼光の娘の婿に鞍替えしたあとも、きちっとプレゼントしつづけたじゃない。女の意地かな。

永井　道綱を迎えた穆子の娘は子供を産んで早く死んじゃうのね。道綱は母親が死んで可哀相だといってその子を可愛がるかと思いきや、倫子や穆子に子を預けてスイスイと頼光の娘のところへ行っちゃう。

杉本　汚い言い方をすれば、男は種つけ馬にすぎないのよ。子供を養育するのは母親である女と、その里方《さとかた》の役割。

永井　道長から見れば甥だけど、その子は道長の養子分になって出世するんですよね。それでも道綱は知らんぷりなの。しかし、道綱が冷たいというより、これが当時の父と子の関係であったらしい。

杉本　今でも、結婚問題というと、イニシアチブをとるのは女親よ。

永井　そうね、輝かしい伝統かな、これは。

杉本　どこの馬の骨かもわからないわたしの家なんかでも、今、私という時点で見た場合、父方の親戚とはほとんど音信不通で、行き来しているのは母方の親戚よ。

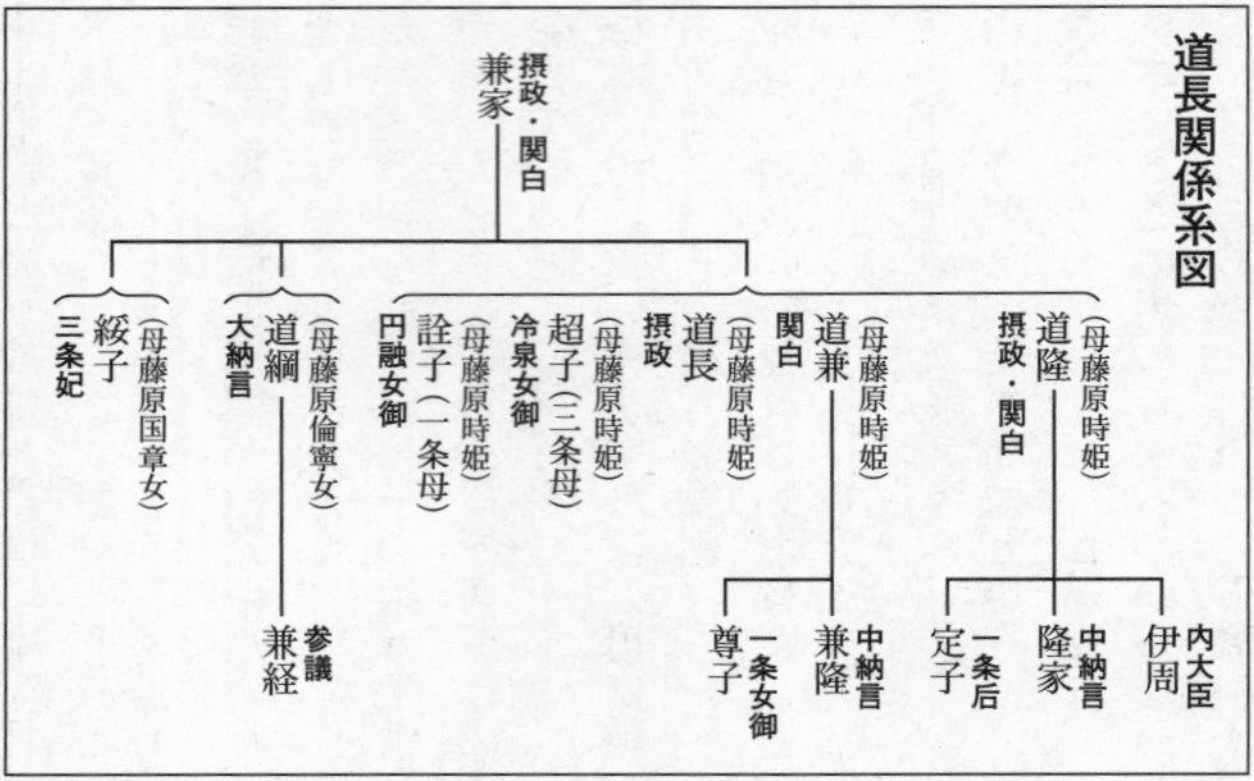

永井　おもしろいわね。それでしかも、一人の女が中心になって、その兄弟、娘たちが手をつなぐでしょう。道長も非常に恩恵をこうむっている。道長を引き立ててくれるお姉さんの詮子《せんし》は円融天皇の后になっていて、唯一人の男の子を産むんです。これが一条天皇になるんですが、一条天皇の時代はお母さんの詮子、そのお父さんの兼家《かねいえ》がいるわけ。これが摂関体制の理想的な形なのね。

杉本　三拍子そろってる。

永井　父親がいて、娘がいて、その子供が天皇である。理想的「ジャンケンポン型」ね。一方的に強いものはいないんだけど、三者が手をとりあって行くのが一番いいのよ。

この兼家が死ぬと、道隆。これは詮子のお兄さん。一条天皇の后に定子を入れるけれど、さっき言ったように、定子に子供ができないうちに死んでしまう。その次がその弟の道兼。これが疫病にとりつかれて七日で死んでしまう。そこで、長男の道隆の息子の伊周がなるか、あるいは末弟の道長に行くか、その分かれ目に詮子がすごく頑張るんです。息子の一条天皇のベッドルームに入っちゃって、「どうしても道長にして下さい」と頼んで。

杉本　あのときの東三条院詮子の道長贔屓《びいき》はすさまじいわね。頑張りの裏に何があったんだろう。

永井　伊周は甥であるけど、母親は高階貴子《たかしなきし》よ。藤原氏じゃないのよ。だから伊周がなったら、高階氏が威張りだす。

杉本　それじゃ、困る。

永井　だから、定子や伊周は詮子の姪や甥だけど、彼らに対する愛情はあまりないのよね。

それからもうひとつ。道長は、詮子が可愛がっている養女の明子《めいし》を、第二夫人としてせしめちゃうの。それが道長の女運のいいとこ。

杉本　明子は、詮子が「貰いなさい」と強力にすすめたんじゃないかしら。

永井　兄貴たちは浮気でいけないと、近づけなかった。そこへ道長がモーションをかけていったらしいわね。

怨霊のたたり

永井　私はそこに、一種の怨霊思想があると思う。明子というのは、左大臣源高明の娘よ。
杉本　安和の変で、高明を追い落とした親たちの罪ほろぼしを、子の世代でやるわけだ。
永井　そう。たたらせないために、形見を大事にする。
　そこがおもしろいのね。一度倒しておきながら……。
杉本　倒しておいて、優遇する。倒すことで力を奪ってしまったら、「もうあとは物質的援助でも何でもしますから、お好きに余生をエンジョイしてくださいよ。楽隠居でも何でも」
永井　ごゆっくりどうぞ。（笑）
杉本　つまり中枢部から追い落としたあとは、たたらせず恨ませない工作をほどこす。元方《もとかた》（外孫広平《ひろひら》親王を越して、後れて生まれた憲平《のりひら》親王――冷泉天皇、すなわち三条天皇の父――が東宮になったことを恨んで死んだ大納言藤原元方）の怨霊とか、道長の従兄弟の顕光《あきみつ》、その娘の延子《えんし》（小一条院の妃。道長は三条天皇を退位させたあと、後一条天皇――九歳で即位――の弟で外孫敦良《あつよし》親王を推したが、三条上皇は第一皇子敦明《あつあきら》親王を東宮とする。しかし、敦明親王は三条上皇崩御後、自ら東宮の地位を退き小一条院となる。道長はこの小一条院に娘寛子を与え婿として迎えたため、延子は一年半後に心労で死ぬ）の怨霊なども、当時ひどく怖がられたわけだけど、上げたり下げたりじゃなくて、下げたり上げたりよね。怨霊のほうでとまどって、目を回すわ。

永井　菅原道真（藤原氏を押さえるため、宇多天皇・法皇に重用されたが、藤原時平の中傷により大宰権帥に左遷されてその地で死んだ）で懲りているのよ。

杉本　そう。あれで懲り懲りしたのよ。

永井　菅原道真は学問の神様と言われていて、今、受験生が合格のお願いをしに行くけど、とんでもない話ね。

杉本　まったくよね。肩叩きどころか、会社のライバルに蹴落とされて知床《しれとこ》の出張所に左遷されたようなおきのどくなケースですもの。あんな人にお願いしたって合格も出世も無理ね。私だったらもっと縁起のいい力の強い神様に行く。（笑）

永井　せっかく合格してもあとがダメですよ。（笑）

杉本　左遷先で死んで、あの世で「祟るっきゃないッ」というのでは、あまりにも、ミジメー。（笑）

永井　私もそう思う。でも、それにしても、菅原道真の怨霊というのは本当に恐れられているわね。

杉本　偶然とはいいながら、追い落とした連中やその子孫がおもしろいように早死するのよね。

永井　ライバルだった藤原時平の息子の右大将保忠《やすただ》が病気になったときにお経をあげてもらったんだって。薬師が御利益《ごりやく》があるというので、薬師経を誦《よ》んだのね。薬師には十二神将ってあるでしょう、迷企羅《めきら》大将、安底羅《あんていら》大将とか。それで「宮毘羅《くびら》大将……」っ

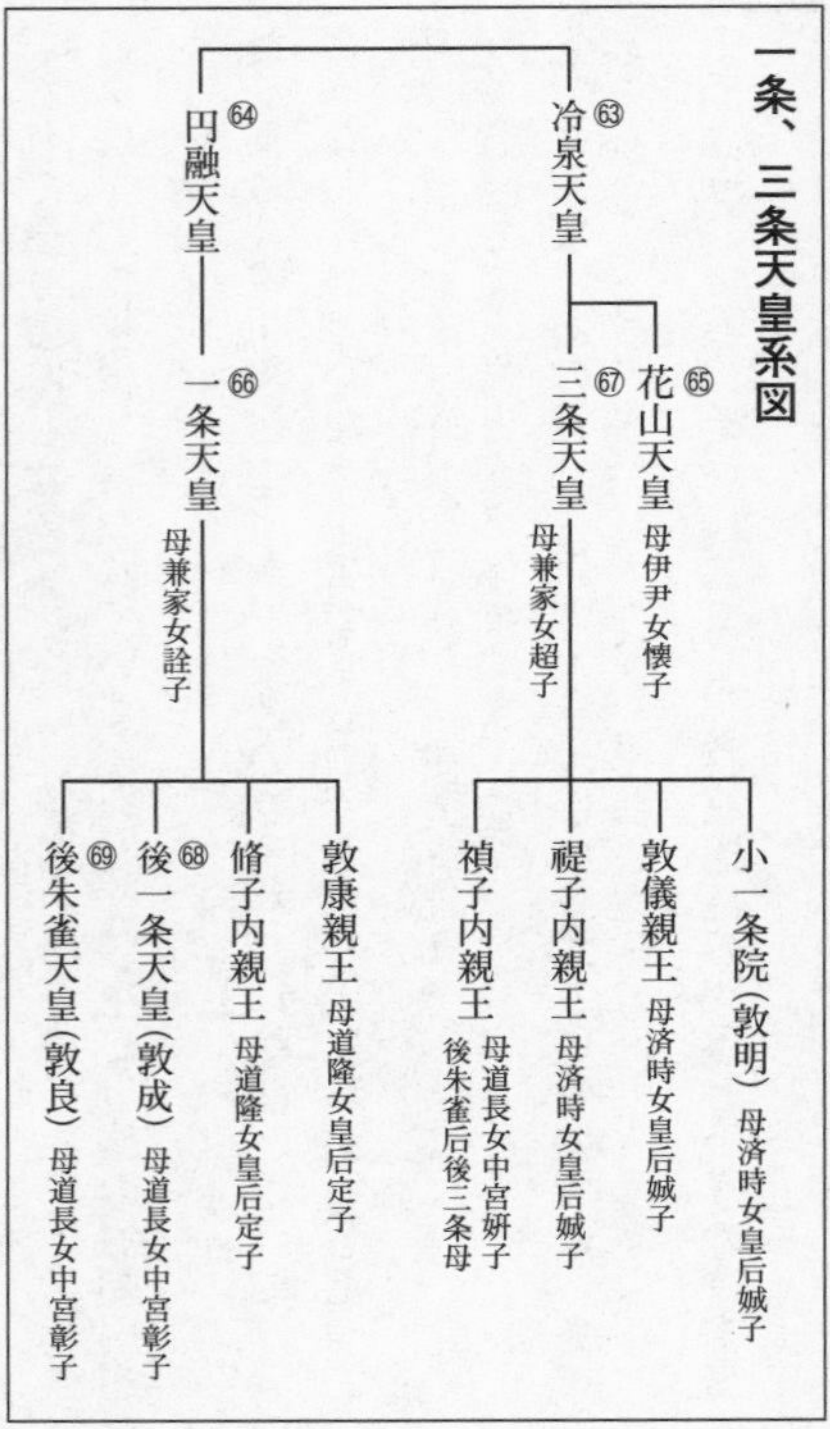

一条、三条天皇系図

て唱えたら、「クビレ大将」と聞いて、首をくびられるかと思って、ウーンと死んじゃった。（笑）そのくらい恐れられていた。

杉本　だけど私、怨霊思想というのはある意味では良心の告白だと思う。

永井　私もそう思う。自責があるから恐れもするのよ。

杉本　悪いことをしておいて、「記憶にありません」とか「レッキとしたアリバイがあります」とか白々しいこと言ってすましているんじゃないんだ。（笑）

永井　自分が取りたい権力を取っておきながら、その犠牲者に対して「たたらないでください」と願ったりするのは、エゴイズムもいいとこだけど、後ろめたさ、済まなかったという気持もあるからこそ妄想の中に怨霊を見る。疑心暗鬼も生じてくる。

杉本　そう。

永井　いちばん奸悪なのは、権力者の良心のおののきを利用するやつらよ。「それ、霊が出たぞ」「それ、たたったぞ」「病気になったのは誰それの呪いだ」と攪乱《かくらん》しつつ、政治の流れをおのれの好むほうに向けていく連中は、一枚さらに上手《うわて》というわけだ。

杉本　それと、それをタネに儲けようという小者がたくさんいるのよ。悪霊の左大臣といわれた藤原顕光。延子のお父さん。延子の夫の小一条院が東宮を辞退したために、とうとう志を得ないまま死んでしまう。これが道長一族にたたったのか、道長の娘寛子が早死しちゃうんですよ。そのとき悪霊が出てきて、「しえたり、しえたり（やってやったぞ）」と言う。それでみんなが恐れおののくというんですが、実はこの顕光というのはどうしようもない愚物。絶対悪霊になれる人じゃないの。

杉本　肝腎な所でヘマばかりやる。そのくせ出たがり屋……。

永井　ちょっと抜けているのよ。少納言は儀式になると「スナイモノモウスツカサ」と呼ばなければいけないのに、「スノイモノ……」と言い、近衛府は「チカツマモリノツカサ」というべきを、「チカノマモリ」と言ってみたり、要するに結婚式の司会をして、「ウェディング・ケーキを切ります」と言ったりするようなものね。

杉本　カンニングペーパーを笏《しゃく》の裏に貼りつけて儀式に臨みながら間違えちゃう人なのよね。そういう間の抜けたおじさんが……。

永井　死んで悪霊になれるわけない。ところが、道長のところへ行って、「それは顕光の悪霊だから加持祈禱をしましょう」と言えば、大変な祈禱料がもらえるのよ。悪霊まで大物に仕立てあげる、お祈りの世界のばかばかしさみたいなものがある。

杉本　寺社はいつの時代も権力の寄生虫でうまい汁を吸ってきた。そのほかに脅かすのは政敵、それから政治の腐敗に義憤を抱いている自称正義派……。私のずいぶん前の短篇小説に『巷説・天満天神縁起』というのがあるんだけど、これは無策で善良一方の流されびと菅原道真を、その死後、霊威たけだけしき天満天神にまで仕立てあげた陰の演出者どものことを書いたの。つまり道真の割り切れなさ無念さを彼自身にかわってはらしてやろうともくろんだ批判グループね。まあ、これは創作としても、そういう存在も常にあってうまくバランスがとれていたと言えば言える。怨霊への恐怖がなかったら権力者はもっともっと暴走するわよ。

永井　うん。ある意味では歯止めになっている。

杉本　小一条院なんて、「皇太子位を捨てます」と言い出すまでは脅されたりいじめられたりしてさ、たまらなくなって、「もう本当に立坊への望みは捨てますから、そのかわり一生を楽しく過ごしたい」と皇太子位を放り出した途端に、道長は自分の娘の寛子を嫁にやって、現金に、優遇政策に転換じゃないの。

永井　あれは、小一条院のほうが、道長に脅される前に腰を抜かしているわよ。

杉本　そうね。今の大学出の坊やね。大事なときにふんばりがきかない。ビビッて投げてしまう。

永井　あるいは、非常に利口な人かも。

杉本　ずるがしこいともいえる。実は皇太子になんかならなくてもいいんだが、いかにも執着しているように見せといて、タイムリーにそれを放り出すことによって、もっとメリットのある身分を手中にしようという平安朝人ならではの、うまい権謀の使い方ね。

上層は上層なりに木端《こっぱ》官吏は木端官吏なりに、智恵を絞らないと生きていけなかった時代ね。

永井　戦争がないし、殺しあいがないから、テクニックがだんだん高級になっていくのね。

杉本　官の権威だけがずばぬけて高く、それに対抗する勢力がないから、官にしがみついて生きるほか方法はないし、しかも官吏の任免権はいっさいひ
と握りの摂関グループに掌握されている。これは言いかえれば官吏個人の幸不幸、喜怒哀楽、運命の浮沈すべてが、わずかな権力者の意志に左右されているということだから、そういう変則社会を生きぬくためには独特の平安朝的処世術、官界游泳のためのテクニックが必要となるのよね。でも面白いのは、その権力者じたい、デスポットふうな独裁権は行使できないでしょ。

根回しが必要な官僚社会

永井　道長にしても、決して独断では通らないのよ。ものすごい根回しがいる。権力は恣意ではないの。これが官僚社会のすごさだと思う。「この世をばわが世とぞ思ふ望月の欠けたることのなしと思へば」なんて歌つくっているけど、そういう時期があったとしたら、ほんの一年か二年でしょうね。道長が内覧《ないらん》(天皇への奏上や天皇からの命令などの文書を事前に見ること。任務としては実質的には関白と同じ)の宣旨《せんじ》を貰ってから

死ぬまで三十年あるけど、その間の気配り！　大変よ。

杉本　「気配りのすすめ」を道長が書けば当時のベストセラー。（笑）

永井　つまり今の社長と同じ。ワンマンで「ノー」と言えば全部通らないかというと、そうじゃない。そういう人が社長だったらみんなついて行かない。だから四方八方が満足するように、それだって、全部が満足するわけはないわね。全体の何パーセントを満足させるか。残りの連中の不満を爆発させないようにできるか。そのためには自分も我慢しなけりゃならない。

杉本　議員定数の過半数を割っても、連立を呼びかければ寄ってくる相手、新自由クラブだの民社党といった味方ではないが敵でもない人間を、どう満足させ、いざというとき自分の陣営に引き込めるか。そういう浮動票的員数が読め、ふだんからそのパーセンテージを念頭に入れて政界全体の動向を睨んでゆく。これは現代でも似たようなものよね。

永井　道長は関白になってないわね。最大の権力者だけど左大臣なの。その意味がやっとわかった。左大臣は閣議に出て、ひとりひとりの言うことを聞く。その閣議のやり方も決まっていて、必ず下の人から発言するの。上の人が「こうだ」と言ってしまうと、下の人は異見が言えないから、下の人にも発言させるようにという仕組みなんだけど、これはまた、下の人としては大変よ。上の人が考えていることと全く反対の意見を言ってしまえば大変だから、それについての故事先例をよく調べるの。だから日記というものが大事になる。当時はみんな子孫がまごつかないように記録を残しておいた。要するに、『六法全書』を頭にたたきこんで発言しなければいけない。

杉本　頭脳コンピューターから機に臨み変に応じて答を引き出すのが、中級官吏の出世法。（笑）

永井　左大臣は、そこでできる雰囲気を見てる。ところが関白になると閣議からはずれる。誰がどう自分のことを考えているかわからなくなっちゃうわけ。

杉本　そうね。関白となると一種の名誉職で、閣議での最高実力者は左大臣が止まりだもの。

永井　例えば伊周というライバルを九州に流すでしょう。ところがその後、道長の大パトロンでありスポンサーであるお姉さんの東三条院詮子が重病になる。気が弱くなった道長は、「これはたたりだ、伊周を戻そう」と思うんだけど、自分の口からは言えず、ポーカーフェイスで、皆の顔を見ている。意見を出すほうも、どこまで言っていいかわからないから、「罪を許すのはよろしいと思いますが、上洛のことは先例はどうなっていますか」とか、「明法家《みようぼう》（法律の専門家）に調べさせたらいかが？」とか、何やら奥歯にもののはさまった言い方しかしない。道長に批判的な藤原実資《さねすけ》も日記（『小右記《しようゆうき》』）に「道長がどう思っているか、どうもわからない。目の前にいられると何も言えなかった」と書いている。

杉本　あの実資ですらそうですものね。ましてそれより下の連中だと「口と肚《はら》は別なんじゃないか?」「あの人はA派閥のはずなのになぜ今日の閣議ではB派寄りの発言をするんだろう」などと敏感にレーダーを働かせていなければならない。ぴしりぴしり、的を射た言動を示すか示さないかで、「あいつは切れる」とか「あいつはだめだ」といった評価につながってしまう。でも下の方は自分の売り込みと、強い流れにどのようにあやまたず棹さすか、に明けくれ、上の方は派閥形成のための人心収攬《しゅうらん》や根回しにうき身をやつしている政府では、国民不在もいいとこね。

永井　そう。それは今でもそうよ。

杉本　目白に住んでるどなたかも、(笑)病気になる前は大変に力を持っていらっしゃったようだけど、あの人なりに闇将軍としての権力保持や、派閥の親玉同士との裏での話し合いなど日夜、心身を労していたと思うの。のうのうと池の鯉ばかり眺めてたわけではありませんよ。

しかしね、政界というコップの中だけの虚々実々が、大きく言って、盗賊、天災、疫病、飢餓、貧困などに苦しんでいた一般の民衆とどうかかわっていたか。

永井　ぜんぜんかかわっていない。

杉本　平安朝時代は、現代人が考えているような民政への認識など為政者になかった。

民衆は徴税徴兵の対象ではあるけど、取った税を施政の中で還元するなんて考えもしなかったわけよ。

太政官を中心に省や司や寮や府など、たしかに役所は揃ってた。でもそれは政治機関として機能するより官吏どもの職場としての存在意義のほうが大きかった。彼らがやってた仕事を大別すれば、儀式と年中行事、寺社への奉幣や祈禱の依頼、厖大な後宮を含めての天皇家の私生活への奉仕、それから除目《じもく》、つまり彼ら自身の人事問題よ。

杉本 現代的な意味での政治はない。それに、民衆も力が足りないから。

永井 そう。力もなく自覚もない。

杉本 今やっと、民衆が力をもって、そういうことに対して批判が出てきた。だから、よく進歩主義の歴史学者が、「大仏なんかつくって」とか、「平安朝には政治がなかった」とか言うし、そういう面もあるけど政治というものの質が違うのよね。

永井 もちろん敷衍すれば、鎌倉期も南北朝も戦国乱世にも政治はなかった。徳川期に入って、ようやく民政への関心にまでおりてくる。為政者の側の意識が……。

杉本 生きぬように死なぬように面倒を見る必要が出てきたからね。

永井 ところが、道長たちが見てたのは受領だけですよ。受領がお金を持ってきてくれるんだから、それから先は受領任せ。要するに中央集権だと思うから間違いなので、ものすごく矮小化された政治。日本医師会が会長選出で騒いでいたけど、患者のことなんて考えていませんよね。あんなようなものだと思えばよい。

杉本　『源氏物語』など読んで、源氏の君は優雅に遊んでばかりいるけど、ときどきは朝廷に出て〝政治〟をとっているんだろうなと思っている人に、「当時は政治なんてありませんでした」と言うと、「へえー」とびっくりして、「では何をやってたんでしょう」（笑）

永井　民衆のための政治はなかった。しかし、彼らにとっては、それが政治なのよ。権力争い。

杉本　『文徳実録』『三代実録』といった公的記録、あるいは『小右記』『御堂関白記《みどうかんぱくき》』など日記類を読むと、じつに儀式と任免の記載が多いわねえ。

永井　それを笑うけど、日本人は常に儀式好きよね。東京オリンピックなんて大儀式ですよ。

杉本　お次は科学万博ね。だけど平安朝時代は、年がら年中が儀式。

永井　今でも年中行事は多いじゃない。国会なんて、年中行事よ。

栄枯盛衰を分ける除目

杉本　庶民は自力で生きるほかないし、官吏社会は昇進の遅速をめぐってだれもがストレスの塊……。

永井　出世競争は今より激しかったでしょう。上の人を飛び越して出世すると、飛び越されたほうは悔しくて、それだけで死んじゃったりするんだから。（笑）

杉本　紫式部のお父さんの藤原為時《ためとき》が淡路守になったとき、源国盛《くにもり》が越前守に任ぜられた。為時は悲しんで一条天皇に漢詩を差し上げて直訴したでしょ。越前のほうが実入りのよい上国だから……。その詩が泣きどころをつくうまさだったから、天皇は「それじゃチェンジしよう」と代えてしまった。そうしたら、国盛は死んじゃったわね。きっとノイローゼから胃潰瘍でも起こしたんでしょう。（笑）

永井　だけどそのときは、越前に宋の人が来てたの。それで、宋の言葉、要するに外国語ができなきゃ、交渉ができない。為時は語学の能力を買われたのよ。

杉本　彼、宋語があやつれるの？

永井　いやあ、筆談だと思う。学者の家の出だから詩も確かにうまい。そこで、詩に感じたという形で彼を任じたのよ。ここが、平安朝の本音と建前の使い分けでして。

杉本　宋人が漂流して来たのは彼の任官以前なの？

永井　流れてきたというより、貿易したいの。ところが、絶対に都に入れないのね。それで、その商人が若狭守をぶんなぐったりするのよ。でも、ここが、今の政治より良心的なところよ。日本は亡弊《ぼうへい》の国だから人に見せられないってわけよ。今みたいに日本は

いちばんいい国だなんて言わないの。（笑）

杉本　明治とは雲泥のちがいね。どこか外国の皇太子が来たとき、「夷狄《いてき》紅毛は穢《けが》れているから、御祓《おはらい》しなければ皇居の二重橋を渡らせない」って言ったんですって。（笑）神国思想。国粋主義を根にしたうぬぼれね。七、八百年経過したら日本人の頭の内容は、それだけ変わっちゃった。

永井　でも、わからないのね、外国の事情は……。

杉本　そうなの。国際場裡に日本を置いた場合、諸外国との力のかねあいや状況の全体像が的確に把握できないのね。

永井　あれでよく過ごしたと思うわね。隣の火事も御存知なくて。

杉本　ところで、除目のさい捧げる中文《もうしぶみ》——自己推薦状というのは面白いわね。秋は京官の任命、春は県召除目《あがためしのじもく》をさすのが原則だけど、今の人なら恥ずかしいわ。自分の長所、美点、能力や功績をれいれいしく書き並べてPRするなんてね。

しかも『枕草子』あたりを見ると、春の除目は正月（編集部注＝太陽暦で二月頃）だから「雪降りいみじう凍りたる」中を鼻水をすすりながら老吏が女房たちの局《つぼね》の外庭へやって来て、「よきに奏したまへ、啓したまへ」、つまり、女御や中宮にまで手を回して昇進の依頼をする。その有様を真似して、部屋の中で女どもがクスクス笑うさまが描写されているわね。かと思うと、「今期こそ必ずあの人はよい地位につく」と見越して、分け前に与《あずか》ろうと友人親類が集まってきたのに、遂にその時刻になっても何の音沙汰もない。みんな居たたまれずにコソコソ帰って家族だけが残ったというような悲哀が書いてあるけど、官僚とすれば出世以外に生き甲斐も人生の目的もない……。

永井　だからクビになるわけにいかない。だけどね、「中宮に啓したまえ」というのは、逆の見方をすれば、それだけ女の発言権があるということですよ。

杉本　そうね、中宮や皇后は公人だから、江戸時代の側妾が寝物語のついでに殿さまに「わたしの弟をお側用人に……」とねだるのとはちがう。しかし女謁《じょえつ》ではあるわけよ。その中宮の実家の背景と天皇への発言権の強さをあてにして縋《すが》るわけだから……。

永井　情実が堂々とまかり通った時代なのよ。

杉本　それと賄賂。

永井　そう。ある程度の位がある人は、自分の知り合いを推薦することができるの。

杉本　その場合は叙料《じょりょう》ね。賄賂とはちがうわね。推薦して通ったらば、位の場合は叙料、官職の場合は任料《にんりょう》を持ってくることが、公然たる決まりになっていたんだから……。

永井　そういうことができる人は、それがひとつの資格というか、名誉なのね。

杉本　でも、さっき話に出た、皇胤源氏から地方へ国司として出て、ためこんでもどって中央に再アタックしはじめた連中なんか、これはもう完全な賄賂攻勢よね。例えば道長の土御門《つちみかど》邸が焼けたとき、源頼光が運び込んだでしょう、目をおどろかすばかり豪華な調度一式……。

永井　オール・インテリアを引き受けた。今のわれわれが考えている以上のものすごい富の集積があるわけね。例えば、受領クラスの佐伯公行《さえきのきんゆき》という男がいるわけですが、彼は、売りに出た藤原為光の屋敷をその娘から買って、そっくり東三条院詮子に寄付しちゃう。私が調べたら、今のお金で一億三千万円もする。そうすると、東三条院の口添えで、また播磨介《はりまのすけ》に任ぜられる。その収入、もう一億三千万円どころじゃない。

杉本　すぐそのくらい回収できるね。

紫式部と清少納言

杉本　少し方向転換しましょう。どうもわれわれの話題は野郎っぽい。（笑）

永井　女の話。紫式部と清少納言。

杉本　オヨヨッて感じ……。（笑）

永井　どっちも、私、好きじゃない。あなたは？

杉本　両方とも。（笑）

永井　そうね。もの書きには、いい女はいないのだ。（笑）

杉本　でも、一抹掬《きく》すべきところもあるのよね。（笑）

『枕草子』に中関白家の悲劇について詳細な描写がほとんどないことについて、いろいろ説があるけど、あなたどう思う？

永井　私は『栄花物語』と同じ態度だと思う。清少納言が仕えていた中関白家は道長と対立して没落してしまう。中宮定子は子供を産むけど、その子は出世の見込みはないし、しかも三人めの赤ん坊を産んで死んでしまう。それを清少納言は見ているわけでしょ。これは、悔しいから書かないという考え方があるけど、私はそうじゃないと思う。そういうことは書くべきじゃないのね。それが一種の美意識であり、礼儀なのよ。『栄花物語』の著者、赤染衛門《あかぞめえもん》という説がありますが、彼女は、「皇子誕生の喜びを分かち与えるために伊周を京に呼び戻した」と書いてますが、事実は、まだ皇子はこの時には生まれていない。むしろ東三条院が病気になったのでたたりがこわかったの。だけど彼女はそう書かない。つまり、事実と礼儀のどちらが優先するかといったら、礼儀なのよ。私たちの歴史意識と違うわけ。

杉本　首までズッポリ事件の渦中に入り過ぎているということもあるね。政治の流れの中で一度つき放して、中関白家を襲った不祥事を客観視する冷静さが持てない。

永井　後の『大鏡』になると、中関白家が実にだらしなく没落していく様子を、かなりあからさまに書くんですけど、そこまで客観化できない。

杉本　清少納言は、下司《げす》の家に月光が差し込んでもけしからんとか、下司の家に雪が降るのも身の程を知らないとか、（笑）すごい傲慢だと思われがちだけど、あれは彼女一流の美意識なのよね。

永井　私、彼女はそんなに傲慢だとは思わないわ。

杉本　貧しいことは醜く、醜いことは汚い、汚いことは嫌ですという三段論法的美意識……。（笑）それと、もう一つ大事なのは、人間の平等だの基本的人権を尊重するなどといった近代的な考えがなかった時代だということ。だから貧者や弱者にひどい言葉を浴びせているのを、現代風にすぐ差別だ傲慢だと取るのはまちがいなのよね。そもそも貧しい階層や弱者に生まれついたのが、その人自身の罪、前世の報いというわけだから……。すべて〝宿業〟論で律すれば、天子は前世での十善の結果、王家に生まれたのだし、富者や権力者は「積善《しゃくぜん》の家に余慶《よけい》あり」ということになる。

永井　そう。自分が受領層の娘でいながら、さっき杉本さんが言ったように、受領になりたい、なりたいって騒ぐ連中を笑うのは、いかにも自分は上の階層になったように考えている、浅薄な女だという説があるけど、そうじゃないのね。

杉本　そうなの。たとえば貧乏といっても、では貧乏は彼女にとってすべて醜いかというと、そうじゃなくて、貧しくても清《すが》やかに生きている人は美しい。反対に、富んだ受領の北の方でも、成金ぶりをひけらかしダイヤモンドだ毛皮だと着飾っているのは醜いのよ。

清少納言に限らず、おしなべて平安朝人は彼らなりの美意識を重んじたのね。人の評価にしろ物の評価にしろ、平安朝ならではの美の基準があって、それに適《かな》っているか、外れているかを重視したわね。

永井 だから、恋愛なんかもその美意識に適うようにするのね。清少納言はそれを非常に重んじている。朝、男が別れて行くとき、少し着物が乱れているほうがいいっていうのよ。つまり、ネクタイをきちっと締めるんじゃなくて、(笑) ちょっとゆうべの残り香があって、それで「もう行かなきゃダメよ」「まだ……」とか言いながら、(笑) すっと出て行く。それでいかにも名残り惜しそうな雰囲気を残しているのがいい。バッと起きて、「何時? 財布! 眼鏡!」バタバタ探して、「じゃ、さよなら!」と出て行くのは下の下だと。(笑)

杉本 そういう点、清少納言のほうがデリカシーがあるわね。「鏡はちょっと曇ったのがいい」とか、「暗がりで鏡を覗くとどきどきする」なんて。紫式部にはそこまでのデリケートな描写や観察がない。

永井 だから私は「紫式部は近眼だ」っていうの。(爆笑) 杉本さんの前で悪いこと言った。

杉本 かまわんかまわん。紫式部の仲間に入れられるなら光栄だ。(笑)

永井 あなたは近眼でもよく見えるけどさ、そうじゃなくて、清少納言のような、「ウーン」とうなるようなピリッとしたセンスは紫式部からは感じないの。

『源氏物語』の美意識はもう『古今集』の時代にできてるのよ。

杉本　ただ、文章力と大長篇を支える構築力は卓抜している。

永井　それから思想背景というか、人間観察の深さは、これはやっぱり紫式部にしかない。

杉本　それはもう紫式部よ。彼女は考える女、清少納言は感覚する女。

永井　『源氏物語』というのは、一種の哲学小説だと思って読めばいいと思う。決して源氏の栄耀栄華を書こうとしたのではないわね。

杉本　栄華どころか、むしろ摂関体制が斜陽に向っていくであろう未来を予見して、翳《かげ》りというか、おののきのようなものを、紫式部は本能的に感じ取っているわね。

永井　把握しているわね。

杉本　そして、そういう時代に生きなければならなかった人間の重圧感、拘束感を漠と感じていた人よね。

永井　そうね。

杉本　それが『源氏物語』に反映してあの作品の魅力にもなっている。

永井　私は、それは彼女の教養だと思うのよ。いわゆる歴史を見る眼というよりも仏教的な末法思想。当時はそういう考え方がどんどん出てきている時代ですから、それをいち早く感じ取って書いている。たとえば、戦後エグジステンシャリズムが流行ったときに、サルトルばりの実存主義小説を書いたような感じで、末法思想の影響を深く受けているなあ、という感じがありますね。

杉本　性格の差もあるわね。清少納言との……。

永井　うん。でも、若いときの紫式部ってわりと勝気みたいね。

杉本　そう。小娘のころは生意気ね。けれども、母親が早く死んで、学者肌の父親だけのうすぐらい家の雰囲気とか、いい相談相手だった姉さんとの死別とか、出来のよくない弟といった家族構成から生まれる家庭環境。それらが彼女の性格を後天的に作りあげたと思うし、さらには幸せとはいえない結婚もね。当時とすれば晩婚だし……。

永井　夫がまたすぐ死んじゃう。

杉本　そう。四十男と結婚したけど、すぐ死なれてしまった。そうした半生から培われた性格もあると思うわ。内向的な、哲学的にものを感じていく方向に育つ……。

ところが、清少納言のお父さんというのは『今昔物語』に「元輔《もとすけ》は人笑わするを役とする翁」と書かれた人物でしょ。賀茂祭の勅使に選ばれて都大路を行進中、馬がつまずいて落馬した拍子に冠を落としてしまった。頭にテカテカ夕日が当る。みんながドッと笑ったら、冠を落とした人々の先例を滔々《とうとう》と述べたて、ますます沿道の見物を笑わせた。つまり失敗をユーモアに変えてしまうウィットの持ちぬしなのね。お父さんからしてそういう愉快な人ですから、清少納言の育った家は、おそらく笑い声の絶えない朗らかな家庭だったと思うのね。定子中宮のおそばへ上っても、ゲームなど始まればすぐ音頭をとって、出しゃばりに見られようと何であろうと清少納言ははしゃぐタイプだったのではないかな。

永井　ユーモアがわかるっていうのも一種の洗練なのよね。

反警察国家の底流

杉本　もうひとつ平安朝について考察したいのは恥の意識ね。中関白家事件にこだわるようだけど、花山院を射るなんてバカなことをして伊周が大宰府に左遷されるでしょう。あのとき、もう検非違使《けびいし》がやってきているのに、彼は母の高階貴子や妹の定子中宮と手を握りあって、戸を閉め蔀《しとみ》を下ろした屋敷の中にとじこもったきり出てこないでしょう。検非違使は中宮がいるから踏み込めないわけよね。仕方なく「中宮が手を握っていて入れません」と朝廷に注進する。「そんなことかまわぬ、入れ」と言われて、やっと定子を車に引き移して、ドカドカッと踏み込み蔀や遣戸《やりど》をぶち壊して探すけど、伊周はどさくさにまぎれて逃げちゃうのよね。

結局ふたたび定子のいる二条宮に隠れたのを発見されて、捕まってしまうんだけど、

今度は播磨まで行ったらもう一歩も動かない。しかも母親までついて来ちゃった。東大入試の教育ママと一緒。（笑）

永井　流罪先までついて来ようとするんだから。

杉本　こうなったら駄々っ子よね。大のおとなが、しかも男のくせにさ。（笑）その上、ほとぼりもさめないのに、また都へこっそり帰ってきていたのよね。定子のお腹が大きくなったので心配だという理由で……。ところがそれを見つけて密告したやつがいて、たしか平孝義だったかな。密告したため褒美を貰ったんだけど、父の前越前守《さきの》親信《ちかのぶ》に「密告でほめられるなんて恥ずかしいことだ」と怒られちゃう。この親信の言葉には一つの恥の意識があるけど、伊周の有様をみていると、何ともめめしくてやりきれない。

永井　そうね。

杉本　花山院が矢を射込まれて袖に矢が立ったということも、それこそ暗がりでの闇討ちですもの、だれがやったかわかりゃしない。徹底的に白を切ったらいいし、それができなければ、「流すんなら行ってやる。そのかわり見ていろ、貴様らのところへ生霊となって出るぞ。呪ってやるぞ」とさんざん脅してさ、私なら大宰府でもどこでも行っちゃうけど。（笑）ああいう中世以降の恥の意識とはぜんぜん異質にすら見える公卿社会の踏ん切りの悪さ、めめしさ。（笑）あなたどう思う。

永井　確かにそういうところあるわね。今のわれわれのモラルには儒教的なところが非常に強いのよ。ところが、平安朝の彼らにはそれがないわね。それでずいぶん感覚的な齟齬《そご》があると思う。

杉本　同じ貴族でも、奈良朝人のほうが強いわね。でっち上げの陰謀事件で拷問にあう場合でも、獄吏の笞《しもと》の下で息絶え絶えになりながら「現朝の政治は無道だ」といった批判を叫ぶ。主張があり、信念があるから、それに律して生きようとするいさぎよさが行動に出るのよね。藤原仲麻呂（七六四年、道鏡を除こうとして反乱）にしても藤原広嗣《ひろつぐ》（七四〇年、橘　諸兄《たちばなのもろえ》、玄昉、吉備真備を排除しようとして反乱）にしても、〝男の挫折〟という感じがするでしょう。

永井　そう。それがないわね。

杉本　なぜか平安朝に入るにつれて男性的部分が少なくなってくる。

永井　だけど、それがある意味では平安朝を四百年もたせた。なにしろ警察力がないんですからね。

杉本　あっても名ばかり。検挙率ゼロ。

永井　宮廷に泥棒が入っても、皇宮警察の責任者が処罰されるわけでもない。火付け、泥棒は多いのよ。こういう無防備な社会は、めったにない。

杉本　天皇が交替したり国家的な大事件などが起こると固関使《こげんし》を派遣して三関（伊勢の鈴鹿、近江の逢坂、美濃の不破）を閉じるわよね。これは元来軍事的な措置なのに、兵の出動の遅速など問題にしない。服装は何がいいとか、行列はどうするとか、うわべのことで揉めているのよね。

永井　出発は何日がいいとかね。

杉本　平安朝ぐらい政治そのものにまで男性的要素が稀薄になった時代はないんじゃないかしら……。

永井　ある意味で軍隊がないんだから。

杉本　平和国家。

永井　世界に冠たるものかもね。

杉本　戦後憲法の先取りかな。（笑）近衛兵なんて儀仗兵よ。バッキンガムの門兵と同じ。兵衛府《ひょうえふ》、衛門府《えもんふ》などの兵はふだん何しているの？

永井　お巡りさんというか……。

杉本　皇居の警備だな。

永井　それもあまりしっかり警備してなくてね。それでも天皇は何もされないんだからね。奈良朝には襲われかねなかったのに。

杉本　奈良朝ならその甲斐があった。（笑）天皇は女帝だってみなそれぞれにひとかどの力を持っていたもの。おしめを当ててたり、這い這いしてる天皇じゃなかった。そういう赤ちゃん天皇が、当り前と受けとめられるようになったのも平安朝の特筆すべき歪《いびつ》さね。

永井　だから天皇にしろ道長にしろ、殺されないですんだということは、不思議な時代ね。その中で、無政府だ何だのというけれど、地方に民力が貯えられていって次の時代になっていく。学者によっては摂関時代こそ中世前期だという見方をする人がいるけれど、その間に土地開発が行なわれていく。強力な中央政権があったらダメよ。

杉本　そう。有能な政府が隅々まで中央の威令を行きわたらせていたら、次にくる中世の形は違っていたわよ。

永井　国司連中が搾取したと言われるけど、その下の連中もうまいことやるようになった。それが地方の実力者で、武士層になっていくわけだから、やっぱり歴史というのはおもしろいもので、ひとつのことだけが原因じゃなくて、いろいろなことがないまぜになって、次の時代が用意されていくという感じがしますね。

手づくりの革命——鎌倉時代

変革は東から

杉本　古代世界が崩壊しだして中世的な世界が成立するということは、明治維新に匹敵するほど大きな変革と言えるわけよね。単に政権が公家から武家に移ったというだけではなくて、あるいは社会経済的な基盤や形態が変わったというだけではなくて、根底から人々の意識変革がなされたという意味でね。しかもカルチャー・ショックをも含めて古代の変革期においては朝鮮、中国などの影響が大きかったし、明治維新では欧米の外圧があったのに対し、中世の変革は、たとえば武士団とか農民層に焦点をあててみればわかるように、外的なショックなしに内的な変貌を遂げていった。そこが大きな特色よね。

永井　そうね、だから「手づくりの革命」と言える。それがはっきり現われるのは鎌倉幕府。

杉本　そう。ピークがね。

永井　歴史家に言わせると、中世は平安朝の半ばから始まっているとも言うし、本当の中世は鎌倉じゃないんだ、もっと後だと言う人もあり、いろいろ説がありますけど、とにかく大きな改革があったのは鎌倉時代だろうと思う。

杉本　私は平安初期からすでにもう兆しがあったと思うの。むろん完全に終わるのは室町期に入ってからであって、そのピークが鎌倉幕府を中心とする時代だった。

永井　そうね。非常に緩慢に潮が満ちてきて、下のほうでは改革が行なわれているんだけれども、案外政治体制というのはすぐには変わらなくて、上のほうは昔の通りにやっている状態ね。これは意外と今だってそうなんじゃないの?

杉本　そうなのよ。変革はたいていが、辺境から起こるか、もしくは底辺から起こると言われているけど、中世の場合も、胎動は東国でしょう。奥州をも含めた東国よね。安倍氏から清原氏にかかる奥州の二度にわたる変乱(前九年の役=一〇五一―六二年、後三年の役=一〇八三―八七年)、それ以前にまず、東国で火がついて、将門《まさかど》の乱(九三九―四〇年)あたりからだんだんと意識改造や、もちろん経済をも含めての変革の兆しが出てきたということね。そういった変革が、いずれ全国的規模に広がっていくためには、農民層――武士も初めは農民層が主体になっているんだから――結局農民層が徐々に成長してきたということでしょうね。

永井　だけど、それが非常にゆっくりとしか動かなかった。それには、富士山の噴火だとか浅間山の爆発とかが非常に大きく響いているんじゃないかしら。そのために田畑が灰だらけになって、せっかく耕したところから何も採れなくなっちゃうとか。富士山が爆発して、足柄《あしがら》越えの街道が通れなくなっちゃうでしょう。

杉本　当時はまだ生産性の低い前近代的農法なわけよ、焼き畑農業みたいなね。それでいて、関東平野の水利が非常に悪いでしょう。私が『玉川兄弟』という小説に書いた江戸初期の頃ですら、ものすごい水利の悪さなのよ。ましてや将門時代といったら原始農法よ。だから、多摩川水系とか利根川水系とか、本流支流から水を引っ張れる限度のところに、僅かに田畑が拓けていったにすぎない。それにいま永井さんのおっしゃった関東平野の気象条件や火山の影響ね。もともと関東ローム層なるもの自体が火山の爆発の堆積物でしょう。だから地味は肥えてないし、ちょっと掘ってもすぐ金気《かなけ》水が出る。海岸線に近づけばすぐ塩気水になるありさまだからね。水利・地味が非常に悪い。このため、将門の乱みたいに、伯父と甥といった骨肉同士で、貧弱な収穫物を取り合うというようなことがおこる。「関東平野を抱えていてどうして争うのか」と西の人は不思議がるけど、肥沃じゃないし農法も未熟だったために、いくら広大な平野部を抱えていても、生産性が低かった。近代農業が確立して、玉川上水が拓かれたり、野火止《のびどめ》用水が分水されたりして水利が発達してからの農法とは違う。

だから、「おれが拓いた川原地の麦なのに、向うがその川原を取り込んだ」といったささいな耕地をめぐって、すぐ抗争がおこる。

永井　川の流れも変わっちゃうのよ。「右側はおれのだ、おまえのは左側だ」と言っていても、流れがすぐ変わるんだから……。

杉本 大雨のあくる日に出てみたら、昨日までこっちにあった川原の麦畑が向う側に行っちゃった。（笑）将門の乱の始まりはそれですよ。

永井 利根川は東京湾にそそいでいたから今と川の流れは違うし、氾濫はしょっちゅうだった。小貝《こかい》川なんて、私が子どものとき、茨城県の新聞に氾濫の記事が出ない年はなかったくらいですよね。その小貝川の辺が、将門の領地争奪戦の現場なんですね。

杉本 しょっちゅう流れが変わるんだ。氾濫することによってむしろやや地味が肥える場合もあるので、そうすると氾濫地帯をますます取り込もうとして、喧嘩が起こるというわけね。その意味では、奥州のように天然の砂金を産出したり、馬、鷲の羽などを生産物にしていたところよりももっと貧しい土地柄だったとも言えるわね。

永井 縄文時代は豊かであった、「文化は西から」という発想を変えようという考え方が今出てきたわね。要するに、東北は確かに縄文期が長いんだけど、朱塗りの素晴らしい土器も出ている。そういうことで、決してみじめな時代ではなかったし、ある時期東国のほうが豊かであったということが言われている。でも、古代のある時期以後は、やっぱり西国には後れをとっていたと思うの。ではいかにして貧しい東国がジワジワと力を蓄えてきたのか、涙ぐましいようなところがあるけれど、私は組織の力が大きいと思うんです。それがまだ、将門のときはできてないわね。だから、勝ってるとみんなついて来るけど、「負けた」となるとサッと逃げて行っちゃうとか。あるいは春になっていよいよ百姓仕事が始まるというと「やァめた」とみんな逃げちゃって、周りを見回すと、誰もいなくなっちゃったとか……。

杉本　農奴をかりあつめてるようなもんだもの。

永井　だから、まだ組織化されてないのよ。それが将門の泣き所ね。

杉本　私みたいに関東育ちだとよくわかるんだけど、将門の滅びたころ、つまり春先にはものすごい風が吹く。榛名《はるな》おろし、赤城《あかぎ》おろしとかいわれる関東平野を一面に爪でひっかくみたいな風で、今だって、その風が吹き出したら、車はライトをつけないと走れない。目をあいていられないわけよね。そのときにうまく迂回して風上に行かれちゃったら、これはもう、勝ち目はない。将門の場合にはまだまだ組織が弱かったから、一人一人の腕力は強くても、風が吹いたというような自然的な条件がすごく勝敗に作用していると思うわ。

杉本　すごく作用していると思う。『玉川兄弟』を書いたときに発見したんだけど、あちこちに〝弁当つなぎの榎《えのき》〟だとか、〝籠つなぎの松〟だとかいった木がある。つまり風が吹き出したら、三里でも五里でも弁当が飛んで行っちゃう。（笑）赤ん坊なんか、松の木の下に籠に入れて寝かせておくと、どこへ消えちゃうかわからないから、（笑）その籠ごと木にゆわえておかなきゃならない。いかに風がすごいかよね。

永井　そうよ、女学校に通っていたころ、帰りは向い風で、吹きとばされそうだった。

杉本　あなたの声の大きいのは、その風に抵抗して。(笑)

永井　そう。大声でしゃべるから口の中、ジャリジャリになっちゃうの。(笑)

杉本　私、田無《たなし》に住んでいたことがあるけど、〝田無の赤風〟と言ってね、田無ぐらい南部に寄っても、まだ土ぼこりの風が寄せてくるわけね。

西の源氏、東の平氏

杉本　まあ、風はそのぐらいにしておいて、(笑) 私がおもしろいと思うのは、一般のかたは関東というとすぐ源氏と思うわけだけど、平将門も、また将門を追討して来た平貞盛《さだもり》にしてもみんな平氏よね。そして、貞盛の子孫たちが土着して在庁官人《ざいちようかんじん》の介《すけ》(次官)や掾《じよう》などになる。守《かみ》はたいてい東国は遥任《ようにん》で、常陸守《ひたちのかみ》なんて任国へは下って来ないでしょう。だから、介がものすごい力をもってくる。こうして平氏の子孫たちが地方の行政を握った。だから最初は平家なのよね、関東は。

永井　そう。初めに確か桓武《かんむ》平氏の一人が国守になって来るでしょう。それが、本当は土着の人と結婚しちゃいけないのに、結婚する。そうすると、戸籍の決まりとして生まれた子どもは父親につけることになっているのよ。だから、平某《たいらのなにがし》になっちゃうわけよね。本当は土豪の娘から生まれた、そこらの田舎の有力なおっさんの家の息子なんだけど、「おれは平だ、桓武天皇の子孫だゾ」なんて顔をして威張っちゃう。戸籍をうまく使っているだけでね。

杉本　謡曲の詞章じゃないけど、「桓武天皇九代の皇胤」と言うわけよ。

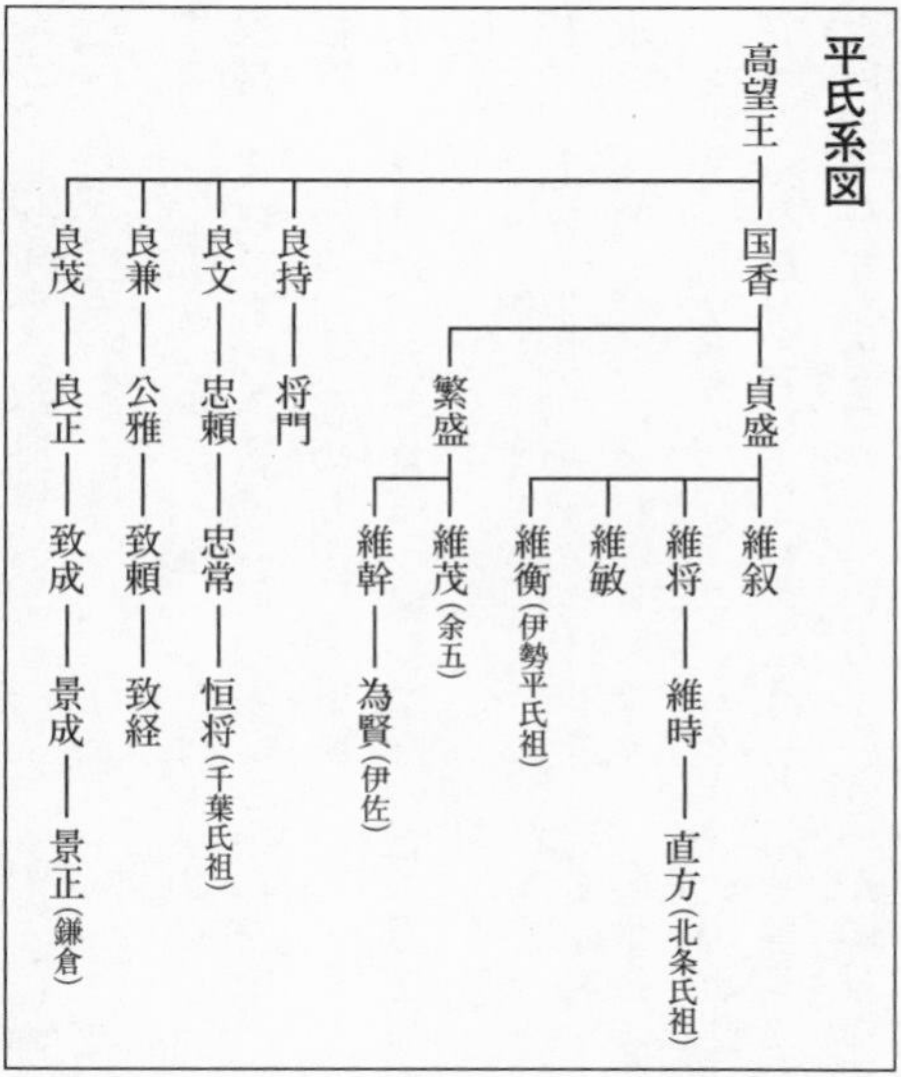

一方源氏はむしろ大阪人なんですよね。多田満仲《ただのみつなか》の多田源氏は、摂津《せっつ》の多田荘にいたんだから、関西の「毒入り危険、食べたら死ぬで」のほうなのよね。（笑）その源満仲の子どもの頼《より》光《みつ》とか頼信《よりのぶ》が京都に近いという地の利を生かし、フル回転で摂《せっ》関《かん》家にゴマをすって……。

永井　頼光はすごい金持ですよ。それを道長などに献金して、それで自分たちは国守《くにのかみ》になる。守《かみ》というのは今と違って徴税官ですから、税金さえ取ればいい。しかも、請け負い制。たとえば、摂津の国で五億と決まったら、割り当て……。

杉本　六億取ったら、一億ポケットに入れる。

永井　入れても、汚職にも何の罪にもならない。

杉本　だから守《かみ》を務めりゃ、一財産できちゃう。

永井　それに、たとえば一億のなかの五千万を都の有力者に献金すれば、また国守になれる。

杉本　しかも温国《おんごく》の収入《みいり》のいい国の、ね。

永井　その上彼らは金だけじゃなくて、要するに今の暴力団と同じ、腕っぷしが強い。「頼光組《らいこうぐみ》」なんだから。(笑)坂田公時《さかたのきんとき》あたりが若頭でね。それが道長の身辺警護をやっているわけだから、すなわち組織暴力団と言ってもいいようなのが国会議員になったり、大臣の子分で幅をきかせているというのが優雅な平安朝の実態なのよね。

杉本　そうなのよ。そして、中央との密着を果たした源氏が、つぎは東国の農民出の不《ふ》逞《てい》の輩《やから》の反乱を抑えるために追捕使《ついぶし》とか追討使《ついとうし》を命ぜられて下ってきた。このへんから、源氏と東国の関わりが起こってくる。

永井　そう。東北を平定して、要するに植民地を広げようという動きがあって、そういうときに、「おまえ達、腕っぷしが強いから行けやい」ということで、源氏が頼まれて行く。そうすると、自分たちだけでは弱いから、関東の有力な豪族と手を握る。その中に平直方《なおかた》というのがいて、これが満仲の孫の、陸奥守鎮守府将軍の源頼義を婿にした。実際には、「うちの娘をどうぞ」と提供するわけね。それでできたのが、八幡太郎義家《はちまんたろうよしいえ》。そういう血脈、人脈づくりをうまく源氏がやったのね。

その当時の地方の豪族は、力はあり、富はもっているけれども、まだひとりひとりは弱い。だから、たとえば土地争いなんていうときに、中央の偉いさんに頼むわけですよ。今だって、大臣に口をきいてもらうとか、代議士に口をきいてもらうというのと同じで、「おれは藤原 某《なにがし》 殿に」「おれは興福寺に」とか言って、そこへ駆け込む。しかしただではやってくれないから、その人の名義にしておいて、自分はそこの預かりという形にする。だけど、実際は自分が収益をほとんど取っていて、名義料をやる。言ってみれば、藤原保険に入ったり、興福寺保険に入ったりしているようなわけだ。何かがあったときには助けてもらう。ところが頼義と義家が在地のものと強く結びつくと、自分たちの取り分がなくなってしまう。みんな義家保険に入っちゃう。

杉本　もともとの、平氏と結婚したことで平《たいら》を名乗っていたような土豪的平氏が、一斉に源氏の傘下にくらがえしちゃう。それが後の関東武士団の基礎になる。

永井　だから源氏と平氏とはもともとは対立的な存在ではなくて、地方の有力者は時によって、源氏についてみたり、平氏についてみたりするのよね。よく「どうして坂東平《ばんどうへい》氏《し》が源氏についたんでしょう」なんて言われるけど……。

杉本　対立じゃないんだから。純然たる経済的な理由と言ってもいいくらいね。そして、何といっても官符《かんぷ》をおびて追討使に任命されてやって来ている源氏というのは、官の代行者ですものね。いくら関西へ帰れば「源氏組若頭」でも、東国では官の役人だからやっぱりそれにくっつかないと不利だし、ヤバイ。

永井　「長いものには巻かれろ」は、日本人の輝かしき伝統でありましてね。

杉本　それと、頼義にしても義家にしてもが、前九年、後三年の役でえらく苦しんだ。

永井　そう、寝食をともにして苦しんでいるから……。

杉本　かり集めた兵に対する接し方などで、精神面でもウェットな結びつきがつくられたわけよね。

永井　それで、中央では義家があんまり力が強くなってくるのがこわいものだから、「義家に寄進するな」と言ってみたり、後三年の役で戦っても「これは私闘だから」といって恩賞を出さない。そうすると義家が自腹を切って、兵たちに恩賞をやる。

杉本　その自腹というのがまたおもしろい。官に納めるべき砂金を納めないで、「あ、そうですか、私闘と言うなら結構です。じゃ、俺がやるよ」と、貢納の砂金をみんな部下にやっちゃったりするから、「このボス話せる」という感じでね。（笑）

永井　そこで源氏は関東での株を上げちゃうのね。この前九年の役のときに、相模国《さがみのくに》が兵站《へいたん》基地になるんですよ。

杉本　鎌倉をも含めて……。

永井　相模国の税金を使って、これを糧食にして東北を攻めろと。そのために、頼義は相模守《さがみのかみ》になる。それ以後、源氏と相模が非常に近くなるわけね。鎌倉時代に活躍する三浦氏の先祖も一緒に奥州へついて行っている。後三年の役の時の話で、鎌倉権五郎景正《かまくらごんろうかげまさ》はわずか十六歳であったが敵の矢で右眼を射られた。それでも敵を追いかけて射殺したが、その時、三浦氏の先祖の三浦為次《ためつぐ》がそれを「抜いてやろう」と草鞋《わらじ》をはいたまま、足をかけてヤッとやった。景正は「まて、俺の顔をふんづけるとは何事だ」と言って、

源氏系図

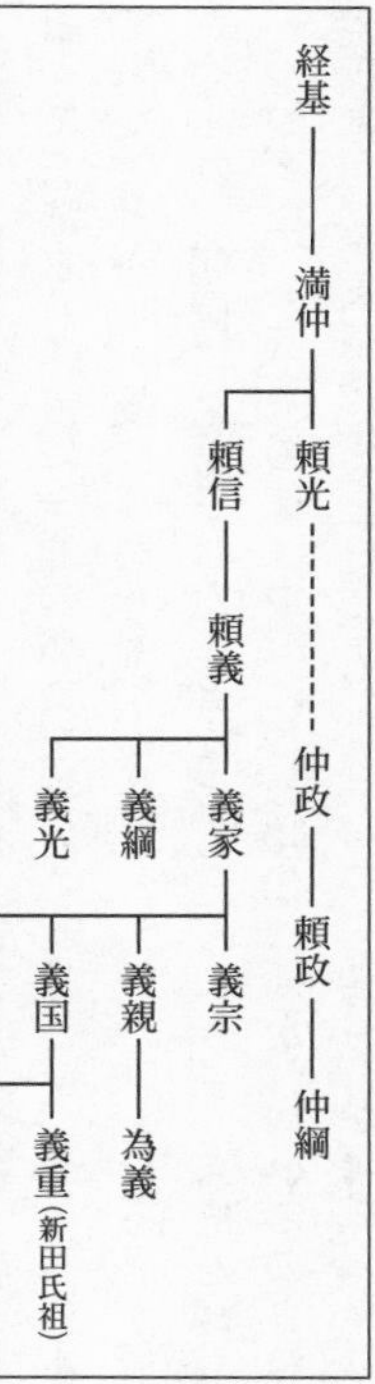

為次を刺そうとして喧嘩をしたというぐらい鎌倉武士は豪胆であった、ということになっているんですがね。

杉本　頼義のお父さんの頼信という人も元来が関西人だからね。彼は前九年の役にあたり、戦勝を祈って石清水八幡宮《いわしみずはちまんぐう》に一通の願文を納める。そして、その石清水八幡宮を鎌倉に勧請《かんじょう》して来たことから、後に鶴岡八幡宮が生まれる。八幡という神が源氏の氏神、守り神とあがめられ、鶴岡に勧請されたことなども、後に頼朝が幕府を鎌倉に開く上での基本条件の一つとなった。その種はすでにこの時代に播《ま》かれているのよね。

永井　初め源氏は、「陽成源氏《ようぜいげんじ》」と言っていましたね。ところが陽成天皇は精神に異常があるといわれて早いとこ辞めさせられた。本当はどうかわからないけれど、そういうことになっているの。

杉本　在原業平《ありわらのなりひら》と浮名を流した清和天皇の后《きさき》、二条の后高子《たかいこ》の息子さんね。

永井　で、陽成源氏ではちょっと恰好が悪いものだから一代上の清和にして、清和に乗り換えたらしいわね。

杉本　でも頼信の石清水八幡への願文では、まだ正直に陽成の出と言ってるのよ。それをかっこつけ屋の頼朝が「清和源氏だ、清和源氏だ」と言い出したのよね。（笑）

永井　しかも清和天皇は宇佐八幡に祈ったおかげで生まれたというので、八幡様と非常に縁が深いんですよ。宇佐八幡が石清水に勧請されてるでしょう。「それこそ我々の守り神だ」というようにして、八幡様を源氏が取っちゃうわけよね。

杉本　結局、平安初期までさかのぼって洗い直さないと、関東と源氏の関係は正しく理解されてこないんだ。

武士の誕生

杉本　今の人は侍《さむらい》という言葉を十把ひとからげにチョンマゲを結った武士と解釈しているけど、侍というのはさぶらう者で、元来は皇后宮や中宮、あるいは親王・摂関家の家《け》人《にん》というか、ともかく権門に出入りする必要から五位とか六位の位を授けられた恪勤《かくごん》だけれど、それともう一つ、近衛府《このえふ》・衛門府《えもんふ》・兵衛府《ひょうえふ》などの武人としての官吏があるでしょう、刀もろくに抜けないようなヘロヘロなやつらね。それでも一応は武官だわね。そういった官吏としての武官と、「さぶらい」としての侍があったわけだけれど、それ以外にもう一つ、もののふ（武士）とか、つわもの（兵）という、純然たる戦闘集団が現われてくる。さっきの鎌倉権五郎景正のように、助けてくれる相手であっても「男のツラを足で踏まれちゃ助けにならねえんだ」と怒って斬りかかるような、近世武士道にまで脈々と伝わる、恥を知った武士《もののふ》、兵《つわもの》ね。つまり彼らの中での掟《おきて》やモラルを行動の規範にする勇猛な集団が発生してくるのも、この時代よね。

官の軍とは別個にだんだん土着の在郷の官人とか自営農業経営者たちによって農兵みたいなものが組織化された軍団、こういう中から武士《もののふ》、兵《つわもの》が発生してくる。彼らは家の子郎党という形で、感情的にも経済的にも主の恩顧《おんこ》によって組織化され、上下関係によって結ばれる。その上下関係によって結ばれた武士集団が、今度は婚姻関係とか利害の同調とか対立などで横に拡がりもして、ピラミッド状に統合されてゆく。そして、それらの頂点に武家の棟梁《とうりょう》なるものが現われてくる。

永井　まだわりと弱くて、血縁などで結びつく未成熟な団体ではあると思うけど、その萌芽は義家時代に出てきているわね。なのに貴族はそういうことに気がつかない。だから、義家が都に帰ってきて恩賞にあずかって白河院への昇殿を許されたりすると、源を名乗るお公家さん連中がひやかして、今様を作るのよ。「鷲《わし》の栖《す》む深山《みやま》には　なべての鳥は住むものか　同じき源氏と申せども　八幡太郎はおそろしや」と。これは、痛烈なる皮肉よ。これは、恐れているんじゃなくて、蔑視、差別よね。「あれが源氏かいな」というような。

杉本　公家どもが熊の子じゃないかと思っていた安倍氏でも、安倍貞任《さだとう》が前九年の役のおり、衣川《ころもがわ》の館《たて》の戦いに破れて敗走するとき、義家に「衣のたてはほころびにけり」と歌いかけられて、即座に、「年をへし糸のみだれのくるしさに」と上句をつけたとか、捕われて都につれられた安倍宗任《むねとう》が、梅の花を見せられ、この花を知っているかとからかわれたとき、「わが国の梅の花とは見たれどもおほみや人はいかが云ふらん」と言い返したというほどに教養はあるわけでしょう。いつの場合も公家という階層は、その時代を代表する知識人でいながら、歴史の底流を把握する能力でいうと二、三歩遅れている。中央優位の安心感の上にアグラをかいている井の中の蛙だから慢性的認識不足に陥っているのよね。

永井　だけど、親分というのはみんな「俺の子分だ」と思っているからね。目白の偉い人だって創政会ができるまでわからなかったじゃない。（笑）

杉本　東国での大土地経営者、ま、「ララミー牧場」（編集部注＝アメリカの西部劇テレビドラマ）の牧場主だわね。これを一般の人はどういうふうに理解したらいいのかな。

農民は田租《でんそ》のほかに調《ちょう》・庸《よう》をとられたうえ、兵役の負担が来る、あるいは徭役《ようえき》（国家に提供する無償労働）だといっては、お父ちゃんを取られちゃう、こうして労働力が不足しているところへ出挙《すいこ》（利息付きで稲などを貸付ける）の稲を「どうしても納めろ」でしょう。三ちゃん農業ではやりきれなくなるときが必ずくる。そうすると、小規模農民、つまり貧農は大きな地主のところに行って「おたくの寄口《きこう》にしてくれ」ということにならざるをえない。だから、小さい農家はますます吸収され、大地主はいよいよ大きくなる。労働力までも吸収するから荒地の開墾が可能になって、なおいっそう大規模経営に変わり出すという形……。

永井 でもその場合には奴隷労働だから、主人が目を光らせてないと働かないのよ。「おまえ、今日はここの稲を刈れ」「明日はこっちの馬草《まぐさ》を刈れ」と言うと、「へい」とやるけど、きわめて能率が悪いのよ。ところがその間に、関東地方だけでなく関西でも農業器具が改善されて、農民が自分の土地に愛情をもつような仕事ができるようになった。

杉本 奴隷だと売られちまうかもしれないし……。

永井 ここを開墾したって俺のものになりはしないから、という考えでしょう。

杉本 今の中国で、結局、自留地を認めたようなものね。

永井 そうそう。それで、自分でやってみると、今までは食べるのにカツカツでみんな税金に取られちゃったのが、少しずつ残るものが増えて、土地を耕すと自分のものが少しずつでも残るなという実感が出てきた。そこで奴隷を使っている経済とまったく質的に違う変化がジワジワ、ジワジワジワ起こってくる。

力がついてくると、当時の人は山の裾の舌状の小高いところに住みつく。そういう所では後ろの山から水が流れてくるでしょう。それを自分の家の周りのお堀に入れる。これは、防備のための堀でもあるし、灌漑の水でもある。それで、家の周りの畑にまず水を入れる。それが現在も地名になって残っていて、「堀之内」というのはだいたいそうなんですよ。それから、「御前田」とか「門田」というのは、要するに館の前の田圃で、いちばん地味が肥えて日当りが良くて、水も十分。そこから残りの水を下の家来たちに分けてやる。言うことを聞かなきゃ水を止めてしまえば、もうつくれないんだから。生殺与奪の権を「水利権」という形で握るわけですね。こうした地形が今でも曽我の館のあたりに残っている。こうなりゃ「これは自分の土地だ」と愛着も出てくる。一反持っているより二反歩のほうがいいと、欲も出てくる。これが中世の曙ね。

杉本　奴隷だったら耕したって稗《ひえ》を食べさせられてさ、そのまま寝ちまうだけだけど、上下関係のつながりができて、家人・家の子郎党になれば、収穫のときには上下みんなで酒をかもして無礼講で飲んで騒いだりという楽しみもできてくるし。だから、「ご主人の土地であるけれど、おれの開墾した一町歩に侵入して来る者があれば、弓・胡簶《やなぐい》を取って守ろうじゃないか」と、家の子郎党までが気負いたって、麦畑を守るために河原の合戦に飛び出してゆく。そこが古代の農奴制というか奴婢《ぬひ》使役の農法とは質的に違ってきている点よね。

永井　土地に対する魅力が生まれてくるわけね。第一期土地ブームだと思うの。それが平安朝の末期にある。それで、一町歩より二町歩、となれば、土地がだんだん狭くなって、「俺のだ」「俺のだ」で取り合いが始まって、力の強いほうが勝つ。そうしてだんだん、奴隷ではなくて土地を持っている連中の中で強い人が出てくる。これが武士の本源的な姿です。

ギブ・アンド・テイク

永井　ところが、弱いほうを全部殺しちゃうかというとそうではなくて、「おまえたちを許してやるから、土地を耕してこれだけよこせ。食べ分をやるぞ。この次よく働けば、もっと給付してやる。敵を攻めるときはいっしょに働け。勝てば分け前をやるぞ」というようなことになる。東国のルールがおもしろいのは、このギブ・アンド・テイクがとってもはっきりしていること。

杉本　ほんとよ、まったく鎌倉武士団ってある意味では割り切ってるわね。

永井　そう。合戦で勝ったら、その働きによって、その場ですぐ恩賞をやるの。もっともやらないと、自分の首を斬られる恐れがあるから、これはパッとやる。今はあたりまえのルールだと思うでしょ。

ところが東国に対して、当時、西国は絶対にそれをしない。有力者に対しても、西国は「うん、御苦労。そのうちな」と言うのよ。西国は租・庸・調といった税収入で政《まつりごと》をしているわけだけれど、だんだんそれだけでは足りなくなってくる。そうすると、寄付を募る。たとえば宮城の二重橋が壊れたとすると、「五十億円で請け負う人はいないか」「やりましょう」と。で、五十億円を二人か三人で請け負うと。そのときに兵衛尉《ひょうえのじょう》にしてやるとか、何位《い》をやるとか、これは内緒じゃない、募集するの。「成功《じょうごう》」といって公然とした制度になっている。売官ですよ。はっきりした売官。

そういうふうにして兵衛尉とか馬允《うまのじょう》（左右馬寮の三等官）とかの肩書を貰うと、地方では顔がきくし争いごとでも有利になる。馬允なら自分のところの馬を「おくにの馬だ」なんてごまかしたりもできる。だから地方の武士はみんな中央の官位が欲しいから成功《じょうごう》するのね。ところがやらせておいて、「そのうちな」と言うのよ、偉い人は。実際そういう文書が残っているのよ。平安朝から鎌倉初期にかけての除目《じもく》の先例を集めた『除目大成抄《じもくたいせいしょう》』に、治承二（一一七八）年の、藤原重佐の申請書が収められているんだけど、その中で重佐は「熊野御遷宮《ごせんぐう》のため准絹五千匹を献じて左右の馬允に応募せよとの宣旨《せんじ》に応じたのに洩れたばかりか、四年後の仁安元（一一六六）年に更に准絹三千匹を献じたにもかかわらず官位をいただいていない。なにとぞ馬允に御任命下さい」と訴えている。彼の場合、第一回の成功《じょうごう》から史料の書かれた治承二年までに十六年もかかっているけど、ひどいのになると、二十数年前に献金したのに音沙汰なく、やっと孫の代に実現したなんていうのもあるのよ。言ってみれば〝やらずぶったくり的〟なシステムがあって、それの文書が今たくさん残っているわけですよ。

西国でも上の方の人については、お金を献上させて国守にしてやるというような、一種のギブ・アンド・テイクをやるけれども、それ以下については虫けらだと思っている。

すごい差別があるわけ。東国の豪族たちは、それでイライラしている。だから「俺たち内部ではそれを速戦即決でやる」ときめるのね。そして、このシステムを上へ通したいという気持を怨念のように持ちながら、まだ力がないから二百年以上もそれを耐え忍んできているわけね。

杉本　源義家は「剛臆《ごうおく》の座《ざ》」を設けて、その日の勤務評定をその日に出している。

永井　あれは象徴的ね。

杉本　その日の合戦で手柄のない臆病だった者は臆の座に坐れ、奮戦した者は剛の座に坐れと。ギブ・アンド・テイクだから、何とか剛の座に坐らなくちゃ、その日の恩賞に関《かか》わってくる。

それと、兄貴の耕した麦畑を弟が争うという形になったりして、そのとき弟なり兄なりを助けるのは弟や兄の家人どもだから、結局主従関係のほうが血縁関係よりも優先するわけよ。血縁は、むしろ財産の取り合いでいつ敵に回るかわからない。もっと大きな外敵が来れば結束するけれども、血族同士では財産の取り合いでしょう。そのとき助けてくれるのは自分の家来ですよ。

永井　家来も大将が潰れると何も貰えないから死に物狂いでね。だから、ギブ・アンド・テイクの原則が芽生え、かつ育ったというところが大事なところなのね。それを、後世になると、ギブだとかテイクは考えないのが武士道だ、と言うようになるけど、本来は

杉本　熊谷直実《くまがいなおざね》なども平家の若武者敦盛《あつもり》を殺したことから無常を感じて坊主になったと、歌舞伎の『一谷嫩軍記《いちのたにふたばぐんき》』の影響でみんなそう思っているけど、本当は親族と所領争いになって、鎌倉で裁判に持ちこんだら訥弁《とつべん》で頼朝直々《じきじき》の質問にもうまく答えられない。負けちゃったものだから、悔しまぎれに髻《もとどり》を切ったというのが真相よね。

永井　辞表をたたきつけたわけよ。「こんな幕府なんかの下にいたかねえや」と言って。

杉本　それが出家の直接の動機。つまり、働いた以上はそれに対する恩賞をきちっとしてくれなきゃ困るわけだな。

母后の時代から乳母の時代へ

永井　そうね。平家だって、そういうルールでのびて来ているのよ。だけどやっぱり、平家にはどうしても貴族的な体質が強いから、そこまで固いピラミッドの団結ができてないのね。私、この頃「婦人公論」に平家の話『波のかたみ』を書いてるのよ。それで、痛感したんだけど、平家がどうしてあんなに力を得たかというと、やっぱり乳母《めのと》ね。

杉本　平家に至る以前から、すでにもう乳母政治ははじまっていた。

永井　ええ。それでも女の歴史で見ると、平安朝中期までは母后の時代で院政は乳母の時代ね。平安朝の母后の天皇に対する発言力はすごい。だからまず、皇后にしっかりした女《むすめ》を入れなければいけないし、そのための家庭教師としては紫式部みたいな才女が必要で、そこで才女の活躍みたいなものがあった。ところが、だんだん幼帝がふえてくる。お后をもらうのはずっと先、それより、天皇を育てる乳母《めのと》というのが力を持ってくる。一方、今まで母后に握られていた天皇家の実権は、天皇の後見役である法皇、上皇という院の勢力に握られる。これは、家父長制がそれだけ強くなったんだというけれども、それともう一つ、母后のかわりに代理ママ、擬似ママとしての乳母が非常に力を持つようになるのね。

杉本　母后としての睨みが本当にきいていたのは、後一条・後朱雀《ごすざく》二代の母后になった道長の娘 上東門院彰子《じょうとうもんいんしょうし》が最後ね。

永井　あの人はやっぱりすごいわよ。ずいぶんいろいろなお公家さんが頼みに来たりしている。

杉本　でも彼女で終りね。その次あたりから乳母の時代に入ってくる。結局、院政の背景には幼少時代の上皇法皇を手塩にかけて育てた女と、その女の一族の力の存在を見逃せない。

永井　后というのは本当にいい家に生まれなきゃなれないんだけど、その時期になると、藤原の本家じゃなくても乳母になることによって力を握ることができる。その意味では、もう一つ下の階級が本当の実力者になってくる時代だわね。

杉本　そうよ。少し時代が下に飛んでしまうけど、後白河の乳母だった紀伊二位《きいのにい》朝子《あさこ》と信西《しんぜい》との結びつきなどを考えると、彼女の存在の大きさを思わないわけにいかない。信西は、保元《ほうげん》の乱（一一五六年）のとき悪左府《あくさふ》といわれた藤原頼長《よりなが》を失脚させる陰の策士だったけれども、そのもう一つ後ろに控えていたのが朝子だものね。

永井　普通は自分の妻を乳母に出して天皇の子供を育てるんだけど、信西というのはちゃっかり屋で、すでに後白河の乳母になっている朝子のところに「俺、あんたの亭主になりたい」なんて乗り込んでくるわけよ。

杉本　初めは高階重仲《たかしなしげなか》の娘を妻にしていたのにね。

永井　だけど、あの眼力はすごいわよ。朝子の育てている後白河は天皇になれる可能性はなかったんだから。それこそ盲点。それをもちあげたのは朝子であり、朝子にくっついた信西よ。

院政の始まり

杉本　院政時代の幕あけというと白河院の印象が強烈よね。でも、その前に後三条帝が院政への路線を敷いた。その点、注目すべきだと思うの。後三条帝という帝はたった四

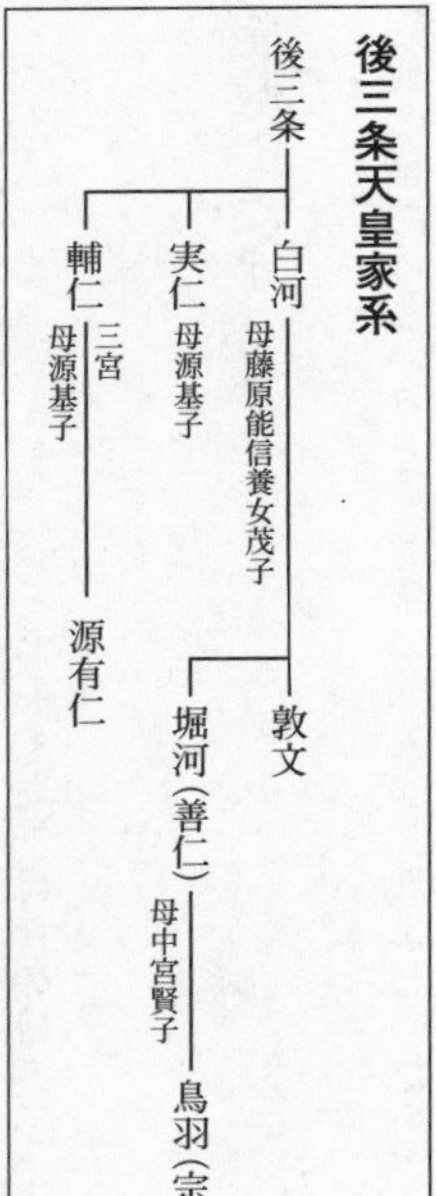

年で退位してしまうけど、藤原摂関家対策を常に念頭に置いて、その経済的基盤である荘園整理にメスをふるったり、村上源氏のような王族を登用することによって摂関体制の力を二分したり、それから、院庁《いんのちょう》を作って院司を置いたり院の蔵人所《くろうどどころ》を設けたり、つまり白河から始まる本格的院政への布石を、短い在位期間内に着々とやってのけたでしょう。

永井　でも、私、今ここで、全然今までと違う考えをもち始めたの。確かに摂関家を押さえた形だけれども、後三条の後ろにはやはり摂関家がいるのよ。藤原能信《よしのぶ》がいるの。彼は道長の息子なんだけれども明子の子なの。いわゆる第一夫人は倫子で、その子どもが頼通《よりみち》と教通《のりみち》。ところが明子の系譜はちょっと出世が遅いのね、その中で能信というのがやり手なのよ。いつか頼通、教通をやっつけてやれ、というので後三条にくっつく。

杉本　じゃ、藤原氏の内訌《ないこう》か。それを後三条が巧みにとりこんだわけね。

永井　そう。後三条は頼通と同腹の妍子《けんし》の系統からでてきているんだけれども、頼通、教通にひどくいじめられるのよ。もう少しで天皇になりそこねたりする。それを支えるのが能信なの。

杉本　後三条は東宮時代がずいぶん長かったものねえ。

永井　後三条は能信の養女茂子《しげこ》を后に入れるの。そして、茂子にできたのが白河。だから白河は能信を尊敬していて、「太夫殿《だいぶどの》」と言っているけど、能信は第二の道長を夢見ているわけね。だから、意識としては摂関家対天皇家ということではなくて摂関家の中の分裂だという気がする。この間『大鏡』についてまとめたんだけど、『大鏡』の作者は誰かと考えると、これはまったくの独断なんだけど、私は能信系だという気がしたのね。だけどおもしろいのは、摂関家がそういう形で分裂していくということよ。

杉本　そうなの。もはや一枚岩でなくなってきているということ。

永井　摂関家は常に分裂はしているんだけれども、その分裂がただの分裂じゃなくて、質的変化をもたらして、結局能信は道長にはなり得なかった。そして、後三条から白河へと行って、皇室の中の母后がいなくなって、乳母が出てくるという、これはやっぱり不思議な時の流れで、後三条の時代というのは注目すべきね。杉本さんの言うとおりよ。

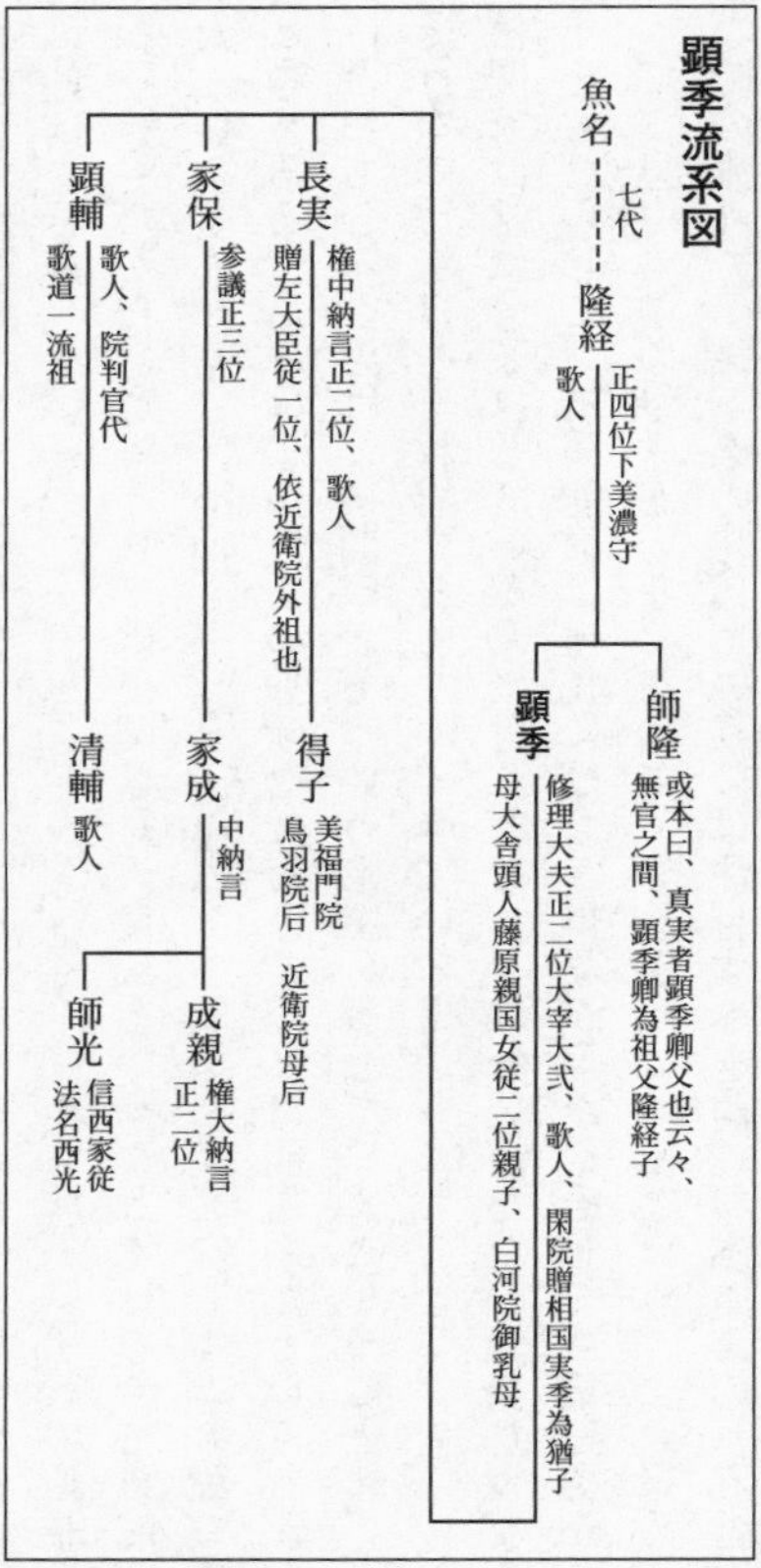

杉本　そして、後三条から白河に皇位が移る。ところが白河の意識には常に父後三条の遺志を破って東宮につけなかった弟の三宮輔仁《すけひと》親王の存在があった。白河はわが子に皇位を継がせたいものだから、それが心配で心配でたまらない。皇室にも内訌というほどはっきりしたものではないけれど、やっぱり分裂への危機感があったわね。

永井　だから、弟に対する警戒感。そしてこの白河と堀河の二代の乳母になるのが六《ろく》条修理大夫《じょうのしゅりのだいぶ》藤原顕季《あきすえ》の母の親子《ちかこ》。あの当時はおもしろいんで、生母は絶対に子どもを育てない、産みっぱなしなんですよね。政治的手腕を持った有力者の母や妻が各皇子にくっついて、お互いに競争するわけですから、かなり女の力がものをいう。そこで二代の乳母を独占したのが六条家で、藤原顕季はその乳母子《めのとご》で、彼が陰の総理大臣になっていくんですね。

杉本　顕季の孫が美福門院ね。

永井　そうそう。鳥羽上皇のお気に入りのお后。

杉本　それらを総括すると、院政でクローズアップして考えるべきは、院の近臣なる新興勢力よね。藤原氏の中核部とは別の中級官吏の家柄から出てきていながら、院と特別な親近感で結ばれることによって力をつけた連中——。信西もそうだし、顕季も院の近臣。この院の近臣が母とか妻とか娘とかに乳母を出すと、もうそれは鬼に金棒よね。それからさっき話に出たけど、成功《じょうごう》で官を与える一種の売官制を活用して、経済基盤を受領の財力におんぶしたという点が院政のもう一つの大きな特色ね。白河は即位して法皇として死ぬまで五十七年間ねえ。

永井　そう。現在の天皇とほとんど違わないじゃない。

杉本　今上（昭和）天皇は昭和二十二年以降は象徴になっているけれど、白河は実際に政治をとりつづけた。上皇のとき法勝寺《ほっしょうじ》が完成しその落慶供養を行なったら雨にたたられて、三度も計画が流された。白河は怒って、雨を器に入れて獄にたたき込んじゃうで

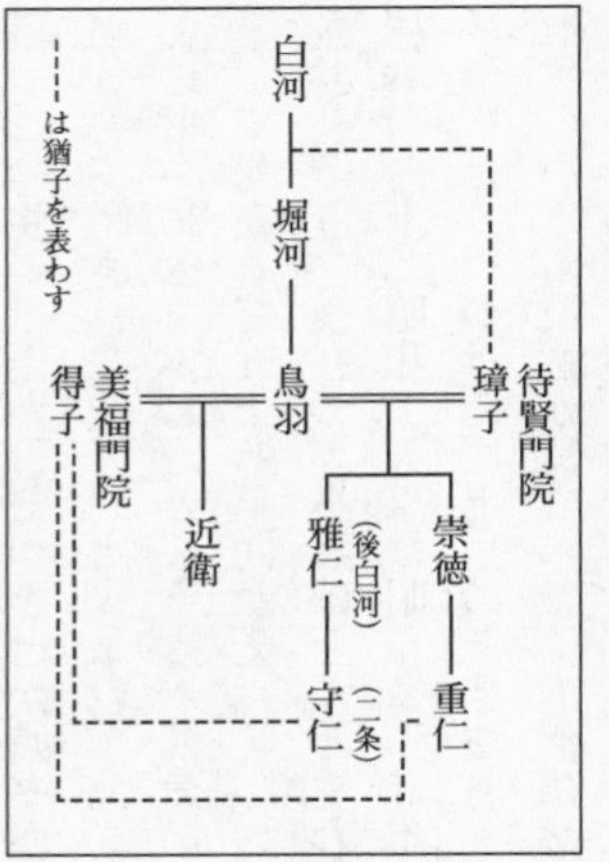

しょ。(笑)「雨水の禁獄」というんだけれど。「朕の意のままにならぬ者は、賀茂川の水と、双六の賽《さい》と山法師だ」という白河院の言葉に、もう一つ雨を加えてもいいわけね。

永井　だけど、彼が何でもできたというところに、保元の乱の原因もあるわけよね。

杉本　そうね。それからもう一つ、院は北面の武士を置いたでしょう。腹心の者というか、武力を持っている親衛隊ね。「朕の意のままにならぬ者」に入っているほど強訴《ごうそ》神輿《みこし》振りの山法師の存在は彼にとってプレッシャーだったわけよね。それから三宮輔仁を擁立しようとする動きにも備えなければならない。そのためには武力を持たなきゃいけないということを、最初に考えた院だわね。

永井　だんだん武力中心になっていくのよ。しかも白河という人はすごい人で、自分が可愛がっている養女、権大納言藤原公実《きんざね》の女《むすめ》璋子《しょうし》と関係をもっちゃう。

杉本　その璋子を孫の鳥羽天皇におしつける。

永井　初めは関白藤原忠実《ただざね》の嫡男忠通《ただみち》に嫁にやろうとして、断られちゃうのね。

杉本　かくれもない噂の種だったからね。

永井　待賢門院といって絶世の美女だったのね。おじいちゃまの懐の中にあんよなんかを入れて可愛がってもらってチュッチュッなんてやっているうちに、そのチュッチュッがだんだん変わってきてしまったのでありますね。（笑）

杉本　鳥羽は十五歳で璋子は十七歳。

永井　ちゃんと子どもが生まれるけど、鳥羽さんは「これは俺の子じゃないよ」と言うの。（笑）

杉本　「おおじ子《ご》だ」つまり叔父でもあり子でもあるというわけね。その子が崇徳天皇になる。

永井　鳥羽にとっては叔父さんというわけよ。息子だけど、叔父さん。角田文衛氏は待賢門院の生理日までお調べになってる。

杉本　いやあ、どうやって調べたの？

永井　このときには鳥羽と一緒にいなかった、白河の所に来てた。そのときの子どもに違いないという、精密なご研究があるのよ。（爆笑）

杉本　まあ！　すごいわね。

永井　ところが、それから先がまたおもしろい。今の感覚だったら、そんな奥さんには洟《はな》もひっかけないと思うでしょう。ところが、じゃんじゃん子どもを産むのよ、鳥羽さんの子どもを。

杉本　そう。皇子四人と皇女二人、六人も産ませている。

永井　白河は自分の子だという気持があるから、早く位につけたくてしようがない。

杉本　それで、鳥羽帝をすぐおろして、我が子崇徳を皇位につけたから、鳥羽とすればますますおもしろくない。

永井　だから白河が死んだ途端に……。

杉本　すべて反白河的な行動に出るわけよね。それで起こるのが、保元の乱。崇徳って人は、出生のそもそもから悲運を約束されていたようなものね。

永井　かわいそうな人ね。崇徳の責任じゃないんだものね。

杉本　そうよ、みずから「不義の子として産んでください」と言ったわけじゃないのに。（笑）鳥羽上皇にだまされて、自分の子重仁《しげひと》を差しおいて三歳にしかならない鳥羽の子躰仁《なりひと》に皇位を譲らされ、この近衛天皇が皇子をつくらないまま十七歳で死んで、やっとチャンスかというときに、紀伊二位朝子や信西などの画策にあう。そして信西に言わせれば、今様狂いで日本・中国を通じて類のない暗君の後白河が帝位を射止めちゃうんですものね。

永井　そして鳥羽が死んで保元の乱がおこると、崇徳は敗れて、讃岐に流されちゃう。そのときの怨念はすごいわね。恨みに恨んで死ぬでしょう。

杉本　あなたの『悪霊列伝』じゃないけど、本当に日本史というのは悪霊のオンパレードよね。

永井　崇徳が心を鎮めてお経を書いて、都に「これを納めてくれ」と言ったら断られたっていうわけ。でも、公家の日記を読むと、断ってないみたいなんですけどね。

杉本　本当は断らなかったの？　都に入れたの？

永井　入ってるみたいね。

杉本　入れたことは入れたけど、夢の島みたいなとこに抛り投げたのかな。（笑）

永井　だけど、ま、とにかく「恨み骨髄」で、死ぬときは、髪の毛、爪を伸ばし放題で、現世の悪鬼になると……。

杉本　生きながら魔道に入った。（所作入りで）「この経文を魔道に回向《えこう》するぞ」。秋成の『白峰《しらみね》』だね。

永井　ところがそれがね、私、讃岐の崇徳の遺跡に行ったのよ。そこの水に入って死んだという言い伝えの池がある所なんだけど、そこで「流しそうめん」が名物だった。ハッハッハ。

杉本　いやだあ、気味が悪い。（笑）

永井　みんな食べてるのだ。

杉本　涙をためながらズルズルズルなんて。

永井 その神経、わからないんだけど。(笑) だけど、崇徳は重仁を天皇にしたかったわけよね。ところがその重仁の乳母になっているのは、平忠盛《ただもり》の妻なのよ。

杉本 そうだよ、そう。

永井 ところがその乳母がね、自分の子の頼盛に、重仁の方へはつきなさるな、っていっているの。保元の乱のときにね。

杉本 もうメじゃないと思ったのよ。

永井 崇徳についていたらだめだというのね。もっとも、このときは忠盛は死んでいたけれど。生きてたら、当然重仁と崇徳のために戦うべきなのにね。

平家の勃興

杉本 忠盛が出て、いよいよ平家の登場となるわけだけど、忠盛の父の正盛から問題だわね。彼は白河院の第一皇女媞子《ていし》がなくなったとき、所領を寄進するでしょう。

永井 白河はガックリして出家してしまう。そのときに、「本当にお気の毒さまでございます。ついては、亡き姫さまのために御堂を建てるお金を私が出しましょう」と言うのが正盛なの。

杉本 そうね。二十町歩ね。あのあたりが正盛の、院との接近の第一歩ね。六条院御堂への所領の寄進。それから一一〇八年に、源義家の二番目の息子で暴れ者の義親《よしちか》を追討して武名を上げるんだけど、これはインチキね。

永井　正盛は義親を殺してないらしいのね。

杉本　殺してないのに、「これが義親の首です」と言って都で凱旋セレモニーをやった。これは白河が、正盛は受領として裕福だし、正盛とタイアップしたいためにやらせた正盛と白河の馴れ合い芝居ね。

永井　そうなのよ。だから、その後次々と義親が出てくる。

杉本　だから、あの首はインチキだ、ということになった。それから山門の強訴のときに兵を出したり、九州の平直澄《なおずみ》の乱（一一一九年）を平げたりして、従四位下に叙せられる。

永井　武力と権力と両方持ってるんだから、三井とか三菱が軍隊を持っているようなものね。白河は目をかけざるを得ない。

最近私、髙橋昌明さんの『清盛以前――伊勢平氏の興隆』という本を読んだの。それによると、貞盛のときは東国にいたけれども、その子孫で伊勢平氏の祖といわれている維衡《これひら》以後営々と蓄積しているのね。だけどもまだ、そのときには力は弱い。院政になったときに、「時なるかな」という形で、正盛が出てくるのね。義親追討のときは因幡《いなば》守だったんだけど、その後但馬《たじま》守に任ぜられ、それから中国筋の備前《びぜん》守になる。瀬戸内海というのはゴールデン・ルートなの。

杉本　西海道とつながったわけだ。

永井　そして海賊追捕とか言うけれども……。

杉本　海賊じゃないのよ、密貿易業者。

永井　自分にへいこらする者は「よしよし」と言って家来にし、そうでない者を海賊と称してやっつけた。

杉本　海賊じゃないのよ。自分に従わない密輸業者を片っ端から摘発したということよね。

永井　それで、自分に忠節を表明した者を組織して、要するに貿易の権力を全部自分のものにしたってわけね。そういうものからの上りで、白河にゴマをすってだんだん大きくなってくる。しかも、顕季一族とも親戚関係になっているみたいね。

杉本　『中右記《ちゆうゆうき》』に、忠盛の妻は「是《こ》れ仙院の辺《あたり》なり」とある。仙洞御所と関わっている者だ、つまり白河法皇に仕える者だというわけね。

清盛は白河の落し胤か

杉本　ところであなたは、「認めない」と言うけれど、私は清盛は白河の落し胤《だね》だという説をとりたい気がするの。祇園女御《ぎおんのにょうご》なんてどこの馬の骨かわからないと言われてるけど、白河はそういうことは構わない人よ。「腹は借り物」と思っているのか知らないけど、例の今様狂いのときも、遊女、傀儡《くぐつ》、舞々《まいまい》のたぐいを平気で御所に入れるし、皇女を生ませてもいる人だからね。女性差別をしない人。（笑）

永井　ハッハッハ。しないんだかしているんだか問題よ、あんた。（笑）

杉本　祇園女御は当時のいくつかの公家日記に記載があるんだから実在は確かよね。『平家物語』には白河の寵姫であった祇園女御を懐妊中と知っていて忠盛に与えた、生まれたのが清盛であるとあるけど、本当は妹を忠盛にやった。滋賀の胡宮《このみや》神社文書には「妊娠した妹のほうが忠盛に嫁して、忠盛のところで産んだのが清盛である。ただ妹が早く死んだので清盛は祇園女御が引きとって養育した」となっている。忠盛の打算からすれば、白河法皇の子を嫡子に据えた場合の、将来の平氏のメリットを充分考えて、自分から拝領妻を願ったと思うわね。

案の定、異常なまでの少年清盛への優遇がはじまる。その出世の早さ。幼時にはやくも六位、院の非蔵人《ひくろうど》（蔵人見習）で昇殿を許されている。十二歳で従五位下、左兵衛佐《さひょうえのすけ》になった。それからたとえばやはり十二歳のとき石清水八幡の臨時の祭りの舞人みたいな名誉な華やかな役をおおせつかっている。しかもその時、さっきさんざ話に出た三宮輔仁の皇子で内大臣の源有仁家の府生《ふしょう》という随身をもって「髖《くちとり》とせられた」というのよ

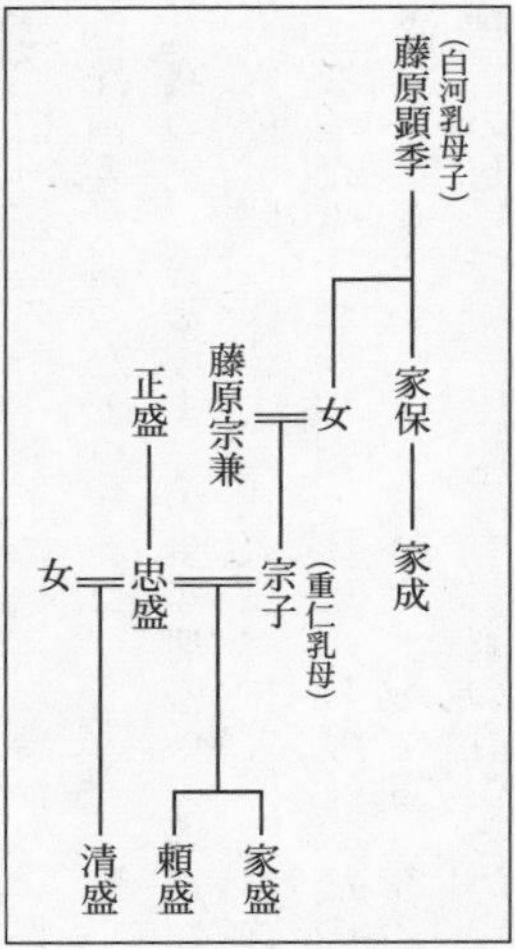

ね。いくら財力があるといっても、成り上りの伊勢平家の小息子のよ。これは破格のことだし、白河院の命令ですよ。そして当日、祇園女御と白河院が少年清盛のりりしい行粧を、わざわざ桟敷で見物している。『中右記』『長秋記』など公家の日記は筆を揃えて「人の耳目を驚かす」「満座、目を驚かす」とそれらの事を記述してるわけね。ただただ、びっくりしている。

しかも、清盛がその後平《ひら》の参議からたったの七年で従一位太政大臣になるという、すごい早さで出世をしたのに対して、公家日記がさほど非難攻撃していない。参議になり内昇殿《うちのしょうでん》を許されて公卿に列したというのは、武門では清盛が第一号ですからね。正盛は院の昇殿を許されていても、公卿にはなっていない。清盛は公卿になった第一号だけど、そういうときでも、公家日記がおどろくだけで、さほど非難攻撃してないということは、やはり彼が白河の落し胤であることは当時の人にすれば公然の秘密だったと思うの。

永井　そうかもしれないけど、私、祇園女御が清盛の実母だということには否定的なの。

杉本　そう。実母ではない。伯母であり養母ね。

永井　正盛と忠盛は祇園女御のスポンサーよ。

杉本　もちろんスポンサーでもあるわよ。それも大スポンサーだ。

永井　スポンサーというより奉仕者かな。祇園女御が仏事をやるというと、正盛の六波羅堂を提供したり、何かといえば多くの金を提供したりして祇園女御と白河にゴマをするのね。忠実な奉仕者よ。忠盛が祇園女御なり妹をもらうということはあり得ない。格が違うという感じ。

私は胡宮文書をそれほど信用してないの。新発見だというので騒がれるけれども、神社の文書は怪しいところがあるものだから、検討を要するという考え方なのね。だけど、清盛は祇園女御の猶子になっていると思う。これが、絶対強いわ。

杉本　胡宮文書は文暦二年七月のもので仏舎利相承を主体に書かれているのだから、故意に事実関係を歪曲する理由がない。そこに、「妹女房」と記載され「懐妊之後刑部卿忠盛之子息云清盛、仍不号宮矣」と書かれている文字を、私は信用していいと思うんだけど……。いくらスポンサーだからって、血もつながらない平氏の子を猶子にするというのもね。やはり愛する法皇の子、しかも亡くなった妹の忘れ形見だからこそ、伯母としてバックアップする気になったと見るのが自然じゃないかな。

永井　それだけの奉仕をしてるんだもの。

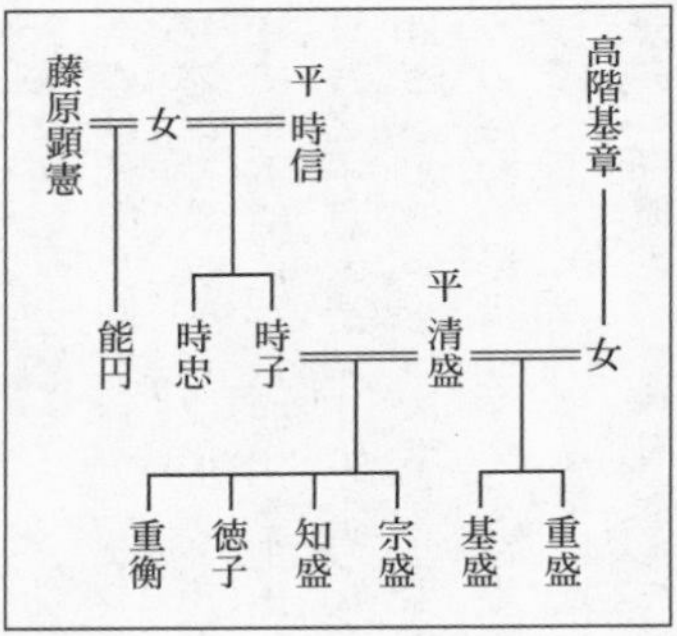

杉本　単にスポンサーだからという意味で？

永井　そう。待賢門院璋子が白河の猶子になったと同じパターンよ。近臣団の有力者はこの手を使って娘や息子を出世させるの。それで、猶子にしたということから、それでは祇園女御はお母さんなんだな、忠盛の奥さんだな、という伝説が作られた。

　白河の落し胤でなくても祇園女御の猶子なら、出世はできる。要するに血筋がものを言わなくなった時代だから、清盛のようなこともあり得るし、私、摂関家の子弟と比べてみたんだけど、それよりは出世は遅いわよ。それにこの時期新興層は出世はめざましいわよ。たとえば頼朝が右兵衛佐《うひょうえのすけ》、従五位の下になったのが十三歳よ。やっぱり時代がずいぶん動いているんだと思うわ。確かに清盛の母親というのはわからないんだけれども、私は、六条顕季流に関係のある人じゃないか、と思っている。清盛も若いころは顕季の孫で権勢をふるった家成《いえなり》の所によく出入りしていたというから。それに、忠盛の妻の一人藤原宗子、後の池禅尼《いけのぜんに》はあの六条顕季一門の親戚よ。それで、崇徳の皇子重仁の乳母だったのよ。たしかに、この時期平家はめざましい出世をしてるわね。

杉本　でも竹内理三先生は中央公論社版の『日本の歴史』で落胤説的な書き方をなさってらっしゃるわね。

永井　そうねえ。

杉本　私は竹内先生派だなあ。（笑）

永井　ところがもう一つ。清盛の妻時子を考えると清盛の出世というのは決してそんなに不自然なものではない。時子の父は平時信《ときのぶ》というんだけど、この家は数代前に参議が出ているんですよ。家柄としてはずっと向うがいいの。そういう家の娘を妻にしたということが、清盛にとってはえらいプラスだと思うの。だから、清盛のほうに時子がくっついて来たんじゃなくて、公家平家に清盛がくっついていくということだったと思う。彼の中にはそういう体質があるのよ。重盛のお母さんは高階基章《もとあき》の女《むすめ》だけど、基章は院の近臣中の有力者ですからね。初め清盛はそっちにくっつくんだけど、その人が死んじゃう。それで今度はこちらというわけで、私はかなりウェイトをおいて時子の家を考えていいんじゃないかという気がしているの。

悪左府頼長の系譜

杉本　ここで話題にしたいのが、うたかたのごとく消えてはいったけれども、保元の乱の立役者である悪左府頼長。みずからにも厳しかったけれど、他人に対しても容赦するところなく、恐怖の左大臣、つまり悪左府《あくさふ》と言われた。それだけ理想を持っていたということじゃないかな。

永井 日本では、本当に、きちんと政治をやりたいという人はだめなのだなあ。うまくいかんのだよ。

杉本 まったくね。あとで敵対関係にはなったけれども、信西《しんぜい》と悪左府頼長を見ると、私は二人とも日本史の中では特筆すべき人物だと思う。

永井 私もそう思う。

杉本 体質的にも性格的にも、似てるわよね。

永井 似てる。似てるための対立ね。

杉本 竹内理三先生の言をかりれば、義学（大義名分論）と実学の対立だったというけれど、「学」であることは共通している。二人ともたいへんなインテリよね。理想政治を掲げてさ、それこそ延喜・天暦の治を目指しながら、結局は挫折してしまう。

永井 そうね。

杉本 信西だって朝子を利用したり後白河みたいな暗愚の君を推《お》したりしてるけれど、一応腕がふるえるポストにつけば、理想政治を掲げてそれに向かって邁進《まいしん》しようとしたわよね。

永井　頼長だって信西だって、末期症状の平安朝を救おうと理論武装もし、行動力もあるという、日本の歴史の中ではめずらしい人物なんだけど、両者あい戦って、初めに頼長が踊ってこけ、ついで信西が実にくだらない連中によってたかって足を引っ張られてひっくり返ってしまう。ある意味では、理論家というものはだめなんだ、学者、文化人、学識経験者が現代でもいろいろ政治に口出ししているけど、あれはまったく役にたたないんだということになるかもしれない。

杉本　あのときの清盛の行動などはまったく政治家のそれでしょう。理想主義的理論家などクソくらえ、直観的政治家。時世の流れに対して動物的勘《かん》の働く政界人間という感じよね、清盛は。

永井　だいたい生臭いのだ。（笑）

杉本　彼に言わせれば信西や頼長のほうを青臭いというかもしれないけど。（笑）だから結局、清盛が勝ったじゃない。動き方もうまいでしょう。保元の乱では、崇徳上皇の皇子重仁と乳兄弟であるにもかかわらず後白河天皇方に走り、平治の乱では、大内裏に幽閉されていた二条天皇を女装させて脱出させるという奇手を成功させ、天皇の宣旨《せんじ》をもらって、信頼・義朝方を攻撃する。どちらも勘よね。それに対して一方で、私は、藤原仲麻呂あたりから始まる理想主義的な政治家の系譜というのが日本にあると思うの。悪左府、信西、梶原景時《かじわらかげとき》、高師直《こうのもろなお》、石田三成、それから徳川時代に入ると本多正純《ほんだまさずみ》。

永井　新井白石もそうね。

杉本　そういう系譜がある。だけど、すべて失意のうちに挫折よ。

永井　後醍醐天皇もそうよ。

杉本　みんな追い出されるとか殺されるとかさ。

永井　今の政治家が追い出されもしないし、殺されもしないということは……。

杉本　清盛的なのよ。ミニ清盛。

永井　うん、慶賀すべきことだな。（笑）

杉本　今の政権、中曽根六波羅。（笑）

『平家物語』の重盛びいき

永井　だけど、清盛って本当に『平家物語』で損していますね。重盛がやった悪いことまで清盛がやったことにさせられちゃう。たとえば、清盛の孫、重盛の次男資盛《すけもり》が摂政藤原基房《もとふさ》と街路で行き会ったが下馬の礼を尽くさなかったというので馬から引きずりおろされ侮辱されて帰ってくる。清盛が「殿下《てんが》を恨奉《うらみたてまつ》らばや」というわけで摂政に嫌がらせをしたというけれども、嫌がらせをやっているのは重盛なんです。ところが重盛が親父に意見したとか、資盛をしかってしばらく伊勢の国に追い下したとか、いい子になってるのよね。

杉本　中国種をそのまま持って来てみたり、翻案してみたりということがあの当時盛んに行なわれているでしょう。「忠ならんと欲すれば孝ならず」的な物語が付会されるわけよね。そういうところで悪役ともうけ役が出てくるわけなんだ。

永井　だけどあなた、『平家物語』って何だと思う？　私は不当に重盛一族にひいきしていると思うのよ。

杉本　なるほどね。言われてみるとそうだ。

永井　重盛は合戦にならないうちに死んじゃった、つまり手を濡らさなかったというわけ。それから重盛の子小松中将《こまつのちゅうじょう》維盛は屋島から逃げだして、紀伊で入水するんだわね。

杉本　そうよ、維盛は入水。

永井　ところが入水してないのよ。生き残って……。

杉本　どこに行ったの？

永井　熊野の山の中に入っちゃった。

杉本　それは入水の前でしょ。

永井　生きながらえているのよ。

杉本　だって、高野山に入って、もと重盛の侍だった滝口入道の庵をたたいて出家したあと、熊野の沖に出て、カッパとばかりに入水したんじゃないの。

永井　ハッハッハ、入ったことにして、生きながらえちゃったと思うわ。

杉本　あら、いやだ。どこで生きてたの？

永井　熊野の山の中に。だから、あのあたりには維盛の子孫というのがたくさんいるのよ。だけど、どちらにしても維盛も合戦の憂き目には遭ってないという書き方をしているでしょう。

杉本　だけど重盛の三男清経《きよつね》は豊前国、今の北九州市の海にカッパと入っちゃったわよ。

永井　彼は本当にカッパと入っちゃった。ノイローゼだったんじゃないかしら。

杉本　でも私が清経だったら、カッパと入っちゃうな。

永井　やっぱり？

杉本　うん。（笑）前途真っ暗。月の夜心《こころ》をすまし、舟のへさきに立ち出《い》でて腰より横笛《じょう》をとり出《い》だし、チッと吹き澄まして、カッパと入っちゃうわ。（笑）私はもう、いやだよ、坂東武者なんて野蛮人と戦うのは。（笑）

永井　どうも、『平家物語』は重盛系に好意的よ。

杉本　『平家物語』の書き手が、重盛派を？

永井　そう。「忠ならんと欲すれば孝ならず、孝ならんと欲すれば忠ならず」みたいになるのは、もう少し後の中世鎌倉時代に『愚管抄』であるとか道理の感覚が出たときでしょうね。実際は、重盛というのはなかなか食えない男だと思うのよ。京都の鹿ケ谷《ししがたに》で後白河と結んで平家追討をはかった事件（一一七七年）の主謀者の一人、藤原成親《なりちか》は重盛の夫人経子《つねこ》の弟だから、清盛が捕えて殺そうとすると重盛が「まあまあ」と止めに入る。これは、自分の妻の実家だからで、彼はむしろ妻の家の味方をしているのよ。決して「道理」を説いてるわけじゃない。そういう点で、重盛の立場というのは複雑ね。時子の子供たちとはちょっと離れている感じがする。

杉本　むしろ、警戒されていたんじゃないかと思うわね。

永井　宗盛たちとは母も違うしね。

杉本　疑われてもしかたがない立場なのよ。

永井　同じき平家と申せども、心は様々であって、なかなか利害関係は一致してはいないわね。

杉本　そうよ。だから『平家物語』の成立過程に誰がどう参画したかということが、登場人物の扱い方からも類推できるということね。

大原御幸はなかった

永井　そういうことね、それで、私の独断を一つやらせてもらいますと、大原御幸《おおはらごこう》はなかったということなの。

杉本 それは言える、絶対に。それ、独断じゃないわよ。
永井 話がうまくでき過ぎている。
杉本 後白河法皇が供奉《ぐぶ》の公卿《くぎょう》・殿上人《てんじょうびと》を引き連れてもし大原を訪ねたとしたら、観光バスの行くルートじゃないですよ。市原・静原のほうから回って江文《えぶみ》峠を降りて入ってくるルートだけどね。峠は、当時は牛車は通れませんよ。せいぜい輿《こし》でしょう。大掛りなことになるし、当然誰かの日記に書きとめられていていいわけよ。
永井 私もそう思う。
杉本 供奉した公卿とか、行ったという事実を聞いた人とかが、「院がどのような行粧で女院を訪ねた」と一行でも書き残して当然なのに、全然記載がないんですもの。しかも、公的な記録を見ると、そのとき後白河に供奉したはずの公卿・殿上人が都にいなければならない行事などがあるわけよ。その前後二、三ヵ月の期間中に……。
永井 当時、右大臣九条兼実《くじょうかねざね》が『玉葉』という日記を書いているのね。兼実は朝廷の有力者で、頼朝とも親しくて、後白河の悪口を書くのが趣味みたいなところがありまして、とにかく大変な情報通なのね。トップ・シークレットを常に握っている。今でいうと逓信病院に入れる人よ。(笑) そのくらいな人だから、後白河の動静を全部知っているはずだけど……。
杉本 『玉葉』にも一行だって書かれてないもの。院が建礼門院《けんれいもんいん》徳子を訪ねたら彼らにとってはちょっとした事件よ。

永井　そうよ。だから、私は行ったことないだろうと思う。唯一つの証拠は、『閑居友《かんきょのとも》』という作者不明のエッセイのようなものに書いてあるというの。それが『平家物語』の元本だというんだけど、読んでみたら、『平家物語』とほとんど同じ文章なの。

杉本　どっちが元本だかわからないね、それじゃ……。

永井　だから、これはあてにならないという気がしているの。

杉本　『閑居友』なんて一級資料ではない。

永井　それから『吾妻鏡《あずまかがみ》』にちょっとそれらしき文があるの。要するに大原に建礼門院をとぶらわせられた、という文句があって、建礼門院に荘園を寄進した、と。寄進したのは頼朝よ。

杉本　「とぶらわせられた」という言葉になっているの？

永井　漢字で「被訪」と書いている。ところが主語がないの。もし後白河が訪ねたのなら、こういう言い方はしない。もっと丁寧な言い方をする。だからここで考えられるのは頼朝なの。頼朝が訪《とぶら》うというのは、実際に訪問したのではなくて「どうしているか」と近況を誰かに聞かせにやったということだと思う。

杉本　今まだ、大原に引き籠っておられますと聞いて、音信を差しあげ、それなら、所領ぐらいあげましょうと……。

永井　ということではないかと。これが唯一なの。

杉本　そうよ、後白河なら「被訪」なんて言い方、簡単過ぎるわよ。

永井　それで、大原御幸は『平家物語』の中で後代のものという説が多いでしょう。生き残った人を最後に会わせる。そうすると、来世に向かうタイプがいろいろ揃うわけよ。重盛は全然、手ぬらさずの人。維盛、これは嘘だとしても、入水という形で普陀落（観音応現の地）渡海。それから重衡《しげひら》。彼は興福寺・東大寺を焼いたけど法然上人にすがって悟りを開いた人。いわば悪人成仏。そして最後に女人成仏が建礼門院ね。

杉本　それと、六道輪廻《ろくどうりんね》を言いたいのよ。一人の女人が生きながら六道をめぐるが如き体験をした、ということね。

永井　それが変な伝説を生んで、重衡と建礼門院は畜生腹、要するに双子で男と女で生まれたと言われているのね。もう一つは宗盛と徳子が近親相姦で……。

杉本　畜生道に落ちた。

永井　だけど、建礼門院って人気あるのよ。われわれは全然買ってないけど。

杉本　買ってないわねえ、あなたや私は。

永井　天皇の中宮になったら、もう少し政治力を発揮できるのよね。だけど、それを全然やってないでしょう。時に流されているだけで……。

杉本　あの人、傷つかないタイプなのよ。（笑）悲劇の主人公の代表みたいな立場にいながら、本人はさほど傷ついてないのよ。

永井　ポワーンとした人、今もいるわね。

杉本　二位尼《にいのあま》時子みたいに「浪のしたにも都の候ぞ」と言って、敵《かたき》に渡してなるものかと三種の神器の神璽《しんじ》をわきに、宝剣《ほうけん》を腰にさして、安徳帝をかきいだいてドーンと沈んだらもう、こんりんざい浮かび上がらないというような人が、実に立派よ。

永井　覚悟ができている。腹ができているわよね。

杉本　それをブカブカ浮いてしまって……。（笑）

永井　あれは何だ、というわけよ、まったく。ハッハッハ。

杉本　しかも六十前までたっぷり生きて、（笑）狂いもせず自殺もせず病気にもならない。

永井　そういう人、いるのよ。上流階級に特に多い。（笑）

杉本　感情の起伏がないのね、平板なの。だから、私、言うのよ。「陶器の心臓」だって。（笑）

永井　なるほど、なるほど。

杉本　血しぶかないの。壇ノ浦の幅は狭いでしょう。川みたいだもの。源氏の白旗が林立し矢がビュンビュン飛んでくる。阿鼻叫喚よ。やがて源氏武者が斬り込んでもくるでしょう。首が飛ぶ、腕が飛ぶ、血が噴出する。その大混乱の中で、お母さんは死んだ、息子は死んだ、一族一門つぎつぎに死ぬ。気が狂わなければふしぎ……。

永井 それでもなんともなかったんだから本当にすごい。(笑)

杉本 ほどろのわらびなど食べながら、長生きしちゃって……。(笑)

永井 にもかかわらず、私は大原御幸があった話を書いているのよ。これは、詐欺かな。

杉本 われわれもちょっとこぎれいな本に若い女の子向きのエッセイとか紀行文を頼まれたら、あんまり「大原御幸なんてありませんでした」とは書けない。(笑)寂光院《じゃっこういん》の紅葉がきれいだとか書かなきゃならない場合があるじゃないの。おたがい、害毒を流しているわけよ。(笑)首尾一貫していない。

永井 でもね、これにはわけがあるの。話の中に建礼門院に仕えている信西の娘がいるでしょう。

杉本 阿波内侍《あわのないし》。尼になっている。

永井 建礼門院が恨みの一つも言うかと思って待ってると一向に泣きもせず、「あ、お帰りですか、さようなら」と言ったんで、阿波内侍がガックリする話を書いたのよ。そうかと思うと恨みを忘れて、しきりにありがたがる女もいる、というぐあいにね。

杉本 そうなのよねえ。

永井 もしも、大原御幸があったとすればという、歴史フィクションよ。

杉本 いくら息子を戦死させられても、日の丸振る人は振るのよね。

永井 だから、後白河は生き残る。でも、いわれてるほど、経済能力はなかったのよ。

杉本　庶民ならここで死んで当然という酸鼻にも死なないで、連綿たる歴史が続くでしょう。

永井　それがロイヤル・ファミリーというものの感覚ね。後白河だって白河以来の院政の富をみんななくしているのに後悔もしないで……。

平家政権の新しさ

永井　だけど、清盛が太政大臣になったとき（一一六七年）から、平家が壇ノ浦で滅ぶ（一一八五年）までたった二十年よ。敗戦後すでに四十年、その半分しか栄華の時期はなかったの。藤原氏の天下が三百年以上続いているのを見てきた人が、平家がパッと出てきてパッと散ったところを見れば、本当に諸行無常だと思うでしょうね。しかも平家自体は上り坂ですよ。決して自分たちが衰えているとは思っていない。ではなぜ平家は滅んだのか。贅沢が過ぎたとか威張りくさったとか言うけど、私はそういうことではないと思うの。たとえば一人の人が汚職したからといって国が潰れるということではないしね。しかも、平家政権には藤原氏とは違った斬新さもある。権力の握り方は確かに院政に密着していくというやり方であり、従来と同じく宮廷内のコップの中の嵐的だけれども、一つ全然違うのは、貿易立国ね。

杉本　それともう一つ大きな違いは、受領に自分の一族一党を配して、地方行政からして把握したということね。藤原摂関家時代の受領は民政はどうでもよいから税金さえきちんと取って、都へ間違いなく持ってくれれば良吏だったけど、平家時代は単なる徴税官ではなかったということよ。それと貿易立国だった。この二点が、それ以前まではぜんぜん違う。

永井　清盛の前の時代までは、日本では博多（大宰府）までしか外国の船は入れなかった。これは白村江《はくすきのえ》の戦い（六六三年）で懲りて、絶対に都には入れないと。いくら使いが来てもね。

杉本　それを清盛は福原《ふくはら》、大輪田《おおわだ》まで入れてる。

永井　瀬戸内海の航行を認めた。これは外交路線の大きな変更であって、国交回復にまではなってないけれども、一種の政経分離の経済外交よね。それを実に大胆にやっているし、それによって貿易がこんなにうま味のあるものかということを初めて知ったのが清盛だと思うのね。

杉本　公家は頭が固いから、宋の国書なんかに「何々を給《たも》う」なんて文があれば、馬鹿にするなとすぐいきり立つけど、清盛はずっと柔軟ね。

永井　後白河に宋の商人を会わせているでしょう。天皇は外国人に顔を見せてはいけないとされているのに。

杉本　福原の別邸へ後白河を招待して、「宋人とはこの人たちです」と見せているんだからね。

永井　そういう非常に斬新なところがある。もう一つの新しさは武力政権ということね。藤原道長は四町四方の広大な屋敷を持っているけど、そこにいるのは召使い的なものであって、あとは一族が住んでいるということですよね。ところが清盛の場合には、自分の屋敷は道長ほどは広大ではない。そのかわり、近くに五千軒の家があった。つまり、大将と郎従とが全部、一つの兵団として六波羅に連隊をつくっている。それから西八条にも作っている。

杉本　道長は源満仲《みつなか》あたりを番犬として使うだけだったでしょう。清盛はこの満仲が太政大臣になったようなもので、直属軍隊を持っている。しかも一門を衛府の将官など表向きでは官の軍事機関の役職に配してもいる。その上、私兵としてものすごい兵力を持っているんだから中国のかつての軍閥みたいなものね。

永井　そうそう。それだけのものを持っている。

ピラミッド方式と座蒲団方式

杉本　では源氏と比べたらどうか。頼朝は御家人層の利益代表としてピラミッドの頂点に立っているでしょう。だから、象徴は一つでいい。義経《よしつね》や範頼《のりより》が勝手に官位をもらってピラミッドの頂点が二つも三つもあるような変則は許せない。これが、頼朝の意識ね。そして、そのピラミッドを形成している一つ一つの石が関東御家人層よね。平家が藤原政権と同じように太政大臣、左右大臣、大中少納言、左右大将というように官職の上層ポストを独占し、平面的な横拡がりの形で権力を保持しようとしたのとは対照的ね。

永井　私は平家は座蒲団《ざぶとん》方式だと言うの。たくさん座蒲団をとれば勝ちという。

杉本　頼朝はそうじゃない。三角錐の恰好よね。それを理解できなかったのが、義経の悲劇よ。

永井　そうなの。

杉本　義経は京都人ですからね。生まれたときから鞍馬山《くらまやま》。一時奥州に行ってたけれど、あとはまた京都でしょう。だから、蛭ヶ小島《ひるがこじま》で長いことかかって御家人層の利害得失、気性や要求、また、その上に君臨する源家の嫡流は、どうあるべきかを、じっくり考察した頼朝と、本質的に違う人間なのよ。義経が見てきたのは平家の栄華であり、理想としたものは藤原摂関家の栄華だった。だから義経は伊予守に叙すなんていわれると喜んじゃう。兵衛尉《ひょうえのじょう》あたりで感激して、お兄さんに報告したりする。ズレてるのよね。前近代的なんだ、政治感覚が……。頼朝に追われたのは梶原景時の讒言《ざんげん》のせいなどではないわけよ。義経自身の問題に起因してるのよね。

永井　よく清盛は平家一門をひきたてたのに、頼朝は一族を殺して冷たいと言うけど、キャラクターの問題じゃないのよ。

杉本　そう、そんなウェットな感情のくいちがいなんかじゃない。頂点が二つも三つもあって、範頼も義経もが象徴であったら、ピラミッドは成り立たない。彼らが頼朝という象徴を支える積み石の一個になろうと肚をくくれば、頼朝は殺しはしませんよ。それを理解できずに、後白河の鼻グスリぐらいで随喜してるから、殺されちゃう。

永井　そうね、「我が家の名誉だと思います」なんてね、ズレてるわよ。

杉本　そういう判官びいき的な間違いを植えつけたのが、歌舞伎や能といった芸能ね。判官というと白塗りの二枚目立役で、梶原というと憎々しい顔の敵役《かたきやく》の受け持ちなの。そしてすぐ「讒言」。（笑）

永井　それと平家は王朝政権にあまりに密着し過ぎていた。新しい権力は、旧勢力と無縁のところから出てくると思う。社会体制でもそうであって、たとえばイギリスは封建制度がヨーロッパ大陸ほど成熟していなかった。そこに、産業革命を起こしやすい土壌があった。東国はそれよね。平家政権は藤原氏をあまり近くに見ていて、それの亜流になろうというところがあったわけですね。

杉本　亜流というより、藤原氏そのものになるのが平家の理想だった。

永井　律令体制というのは常にそうで、数がなきゃ、与党がなきゃだめなので、そういう政権の道を歩み始めたところが失敗の第一ですね。それともう一つ、これは矛盾しているようですけど、西国のほうが生産力が東国よりも発達しているんですよ。それだけに、平家の言うことを聞かないところがある。一応名簿《みょうぶ》を提出（その家人になるということ）したりしているけれども、この人がいなくなったらどうにもならない、という気持はないのよ。

杉本　自立できるからね。だから、平家が西海に逃げたのは、良き選択であったか悪しき選択であったかわからないわね。あの場合は致し方ないけれど、案外にどこも冷たくて、九州に行ってみても、四国に行ってみても、考えていたほどの助力は得られない。――ということは、九州や四国の豪族が自立できているからよ。今さら落ち目の平家をヨイショする必要もない。源氏というのもわけのわからない新興勢力だけど、平家に加担して消耗することもないから、熊野の湛増《たんぞう》みたいに紅白の鶏を蹴あわせて傍観してような日和見《ひよりみ》も出てくるわけよ。

永井　東国武士団では、頼朝に対しては絶対に忠誠を尽くすとか、畠山《はたけやま》重忠の家来は重忠には絶対に忠誠を尽くすということが信条になっているでしょう。ところが平家の清盛の第一の家臣の肥後守貞能《さだよし》は平家一門が都落ちしたとき、都に残って、関東に「助けてくれ」と逃げてしまう。

杉本　そう、宇都宮朝綱《うつのみやともつな》をたよって逃げちゃう。宇都宮のほうも「もうあなたは平家に対する義務は立派に果したんですから、あとは私のところへ居候して、ゆっくり余生を養ってください」なんて、受け入れてやる。だから貞能は源氏の掛人《かかりうど》になって、のうのうとくらした。

永井　もっとも、平家の都落ちに従って九州に行ったという説もあるらしいけど。

杉本　源氏方は親を討たれればその屍《かばね》を乗り越えて子が戦い、主が討たれれば郎従がそれを蹴飛ばして先に進む。平家にはそうした上下の連帯感の強さがない。

永井　あれはやっぱり、進んだ富める国の悲劇ですね。

杉本　文化度も高いのよ。

永井　先進国病ですね。それで、奥州平泉というのはまた全然別の国ね。

杉本　そう、まったく別個。

永井　だから私は、西国は先進国、東国はそれまでは植民地だったのが独立したという感じで……。

杉本　中進国。

永井　そして奥州はサウジアラビアみたいな金持の石油産出国。（笑）奥州には石油のかわりに金《きん》がある。金色堂《こんじきどう》はさすがに京都でも建てられない。

杉本　奥州藤原氏は、本当にアラブの王様よ。

永井　だから、藤原氏だけはすごく文化的な生活をしているしお金はあるけど、一般庶民はものすごく貧しい。要するに貧富の差が激しい。東国だって貧しいけれど、まだこっちのほうが進んでいるわけですよ。

杉本　だから組織だった頼朝の軍団に攻められると、頭でっかちで腰がフラフラしているから、ドーンと倒れる。（笑）あの藤原政権のあっけなさはどう？　三代藤原氏があれだけの王国を築きながら、頼朝の一押しで崩れ去ってしまう。

永井　戦いに破れて逃走中の泰衡《やすひら》を郎従の河田次郎が殺して、首を持って「恩賞をください」と申し出たのに対して、頼朝は怒って「譜代の恩を忘れて主人の首を獲るとは、罪八虐に値する」と首を刎《は》ねさせてしまう。東国では絶対そんなことはしてはいけないという憲法ができているのに、奥州の河田はわからない。

杉本　そんなことをしたって、ほめられっこないのがわからない。まだ、武士《もののふ》として未熟なのよ。

永井　敵の首を持ってきたのに頼朝が殺したのは冷酷だというけど、そうじゃないのね。「そういうことをしろとは、俺は言ってない」と、頼朝は言いたいわけよ。

杉本　後進性の強さが河田の行動に出ている。

永井　そうして見ると、平家はなぜ滅んだかというと、平家自身の問題というよりも、もっと新しい力のあるものが東国から出てきちゃったということのほうが重要な気がする。

杉本　そう、平家自身の問題じゃないわよ。

永井　あなた『二条院《にじょういん》ノ讃岐《さぬき》』をお書きになって、二条院からみた源頼政を書いたでしょう。反清盛の陰謀、鹿ヶ谷事件をおこした頼政についてどう思う?

杉本　彼は天皇をなやませた鵺《ぬえ》を退治したというので、鵺退治で有名だけど、あの逸話は象徴的ね。

永井　自分が鵺だったんじゃないの。(笑)

杉本　そうなの、実に不思議な人物だと思う。それで娘の側から書く気を起こしたのよ。

永井　なるほど。

杉本　『平家物語』によると頼政の嫡男仲綱《なかつな》が秘蔵していた名馬を平宗盛《むねもり》がうばいとって、これに仲綱という名をつけて「仲綱めに乗れ、仲綱めを打て」と辱《はずかし》めたのが、反乱の原因だというけれど、とてもそんなことで反乱を起こすとは考えられない。彼は正四位上からなかなか昇進しないので、「のぼるべきたよりなき身は木のもとに椎《しい》(四位)をひろひて世をわたるかな」なんて歌って哀訴した。官吏としての出世欲がとても熾烈だった人でしょう。なぜそんな現実主義者が、七十六の老齢に至って、望み通り三位の地位に昇りながら突然変異のように、あまり勝算のない反乱を起こしたのか。しかも三位に推挙してくれたのが清盛なのによ。

永井　私にもわからない、どういう気持で反乱に味方したのか。

杉本　どの史料に当っても、彼の心理を「あ、これか」って裏付けるような記述はないの。当時の人にもあの挙兵は謎だったから、馬を取られたとかその仕返しに源三滝口《げんぞうたきぐちの》競《きおう》が宗盛の馬を盗んで「昔は煖廷《なんりよう》、今は平《たいら》の宗盛入道《むねもりにゆうどう》」と焼印を押したなどという物語を捏造《ねつぞう》せざるを得なくなったんじゃない。
それとも頼政には勝算があったのかな。三井寺《みいでら》の大衆《だいしゅ》（衆徒）と支えているうちに、以仁王《もちひとおう》の令旨に応えるものが各地で立って、つまり頼朝の旗揚げや義仲の挙兵がもっと早く行なわれて、はさみ討ちにできるという読みだったのかな。

永井　私は頼政は利用されたんじゃないかという気もしてるの。主力は園城寺《おんじようじ》だと思う。

杉本　だけどその三井寺が、はかばかしく動かないのよ。

永井　頼政以下約五十人しかいない。

杉本　小勢よ。本当に一族と家の子郎党。

永井　小勢でしょう。それで園城寺の長吏（長官）円恵《えんけい》法親王は以仁王の弟なのよ。園城寺は清盛が憎い。延暦寺と園城寺はライバルだから。清盛は延暦寺にべったりでしょう。

杉本　だから園城寺を焚きつければ立つと思ったのだろうけどね。

永井　むしろ以仁王を担いだのは園城寺で、園城寺が興福寺に「やらないか」と言って……。

杉本　誘ったら、蹴られた。

永井　興福寺は多少動いてるわよ。それともう一つは八条院が動いているの。八条院の蔵人ということにして、源義盛《よしもり》に名を行家《ゆきいえ》と改めさせ、以仁王の令旨を持って諸国の源氏の一族に「決起せよ」と触れ歩かせているでしょう。

それでもう一つ、これがまだつかみきれていないんですけど、女院の問題が院政の裏側にあると思うんですけどね。八条院暲子《しょうし》は鳥羽上皇の皇女で後白河の異母姉妹。以仁王はこの八条院の養子となって成長したんだけど、この女院は鳥羽の妃美福門院得子の遺領を継承して広大な所領を持っている。

杉本　そうなのよ。女の子に、莫大な遺領を譲ることで、のちに皇女の院領があらゆる抗争の中心になるのよね。台風の目になる。それを取り込むか、取り込まないかで、軍事行動を支える経済力をどっちが持つかがきまってくる。

永井　一種の盲点ですね。八条院領というのは、全国にある。たとえば、池頼盛《いけのよりもり》が管理している八条院領の大岡牧が北条時政の後妻の牧方《まきのかた》の故郷だとか、あるいは鎌倉の山内《やまのうち》も八条院領なんです。名目的には八条院様の所領だけど、管理は地元の武士とか、頼盛が持っていたり、あるいは目代《もくだい》（代官）牧宗親《まきのむねちか》がやっているという形になっている。ですから、八条院の蔵人だと言って八条院領を回るということは結局そこの武士を全部説いて回ることになるわけだから、かなり力があったろうと思いますね。

それから、ちょっと時代は上るんだけど、問題なのは上西門院《じょうさいもんいん》という後白河の姉さん。一つ違いだと思う。ここにもいろいろな有力者が出入りしてるの。義朝《よしとも》の妻、つまり頼朝のお母さんは上西門院の女房だったのよ。

杉本 上西門院は平治の乱のとき院に乱入して来た義朝の兵に、後白河と一緒に連れ出される人よね。

永井 そうそう。

杉本 紀伊二位《きいのにい》朝子も、初め上西門院の女房だったんじゃない？

永井 それから建春門院。清盛の妻平時子の妹滋子《しげこ》、時忠の妹。彼女も上西門院の女房になっていて、そこへ後白河が遊びに来て見初《みそ》めて、それで恋人になっちゃう。結局女院というのは女のプールでもあり、金のプールでもあるの。私たちもう少し勉強しなきゃいけない。

杉本 そういう御所の女主人はどんな感じの人だろうと思うね。

永井 杉本さんみたいなんじゃない。お金があって、独身でさ。（笑）

杉本 原則として、まずオールド・ミスなの。独身皇女よ。それでね、生活が豪華で、周囲がつねに華やかなのよ。

永井 ぴったりじゃない。（笑）あなた、杉本門院じゃないの。（笑）

杉本 私ね、八条女院暲子《しょうし》なんてどういう顔してたんだろうと、顔の想像をしちゃうの。

案外私みたいにド近眼だったりして。（笑）美味に飽きちゃって、でっぷりして、どっしりしちゃってさ、二重あごのド近眼。

永井　女侯爵《マルキーズ》よ。

杉本　ひまをもて余す金利生活者でもある。

永井　だから、妻になるとか母親にならなきゃ女の幸せはないと思ったら、大違いで……。

杉本　けっこう愉しかったんじゃないかな。

永井　美女を従えていて、実力者が美女を目当てにやって来る。利権争いで、義朝だってやって来て色目を使うしさ。

杉本　みんな尻尾を振って来る。いつの時代も金の世の中。

永井　政界の秘密の根源にいる。

杉本　南北朝になって大覚寺統《だいかくじとう》と持明院統《じみよういんとう》の両統に分かれたのも、結局女院領をどっちが取るかの争いだもの。日本史での陰の部分なんだけれども、女院領の変遷はつねに台風の目ね。もっと研究されていい課題よ。

永井　義経だって八条院に逃げ込んでいるでしょう、頼朝に追われてから。そういうふうに何とも言えない温床なのね。その頂点に、女院という未婚の女王がいる。

杉本　ただ、そのイメージが、どれもじつに、漠然としてるのよねえ。

永井　しかも、彼女たちは顔もわからないし……。

杉本　本当に不思議なの、私。こんなに摑みにくい存在ってないわね。

永井　西行なんかも出入りしているでしょう。そこの女房にお世辞使ったり。

杉本　そうするとね、「おう、法師、来たか」とか言ってさ、頼朝が銀のネコだったから、女院は金のネコか何かを、「これを取らせる」とか言って……、きっと私みたいな顔よ。あんまり美人じゃないの。美人じゃむしろいけないの。（笑）美人じゃないんだけど、デーンとそっくり返って、動かないから肥っちゃってさ。（笑）私、なんとなくわかってきた。（笑）

永井　ハハハ……こりゃ、大収穫よ、あなた。

杉本　想像できてきたわよ。上西門院も、「義朝が来たか」と言ったと思うと、こっそり「清盛、近う」なんて。（笑）

永井　上西門院の事務長が清盛なんだ。そこで顔合わせがあるわけ。そのときに、トップに清盛がいる。で、「どうぞよろしく」なんてね。そのときにお酌して回ったのが、頼朝なの。政治の秘密、裏話、すべてある。それに恋があって、セックスがあって。

杉本　莫大な富をなぜ皇女にやるんだろう。

永井　歴史家もあんまりはっきりわからないみたいよ。

杉本　われわれがわからないのも当然ね。あのね、女の独身て、いとあやしげよ。（笑）

私、だんだんとイメージが固まってきたわ。

永井　書きなさい、書きなさい、上西門院を。

杉本　その上西門院の袿《うちき》の裾に信西の女房の紀伊二位朝子が入って逃げだすのね。平治の乱で信頼と義朝が後白河院を幽閉するでしょう。そのとき後白河が牛車に乗せられるのよね。上西門院も乗った。その上西門院に紀伊二位朝子がかじりついてね。うまく院内から脱走するのよ。袿の裾に入っちゃうくらい小作りな女なの。そのときも、二重あごをしゃくって、「この中にお入り」（笑）

永井　まだそのときは若かったから、二重あごでは……。（笑）

杉本　上皇がブルブルふるえてると、「もっとしっかりなさい」なんて叱ってね。（笑）敵方の兵にザッと御簾《みす》を上げられ、中を検査されるんだけど、上西門院が落ちつき払っているから、「失礼しました」なんてあやまって朝子を見逃がしてしまう。

永井　もう小説ができちゃったじゃない。（笑）

北条氏から後醍醐

政子の髪の毛？

永井　去年（一九八四年）、NHKテレビで政子《まさこ》の髪の毛が見つかったと騒いだけど、あなた、あれ見た？

杉本　テレビは見た。でも実物は見ていない。

永井　私も実物は見ていないの。NHKは強いて政子の髪の毛であるかのように結論を導こうとした気配があるんだけど、そして実は私もその番組に出ているんだけど、本当を言うと、少し違う意見なのよ。

杉本　じゃ、誰の髪の毛？

永井　そもそもどういうことかというと、二代将軍源頼家《よりいえ》が幽閉された伊豆の修善寺《しゅぜんじ》に大日如来の仏像があって、その解体修理をしたところ、承元四（一二一〇）年八月に仏師実慶《じっけい》がつくったと書いてあった。

杉本　胎内に書いてあったのよね。

永井　墨書銘《ぼくしょ》があったわけ。実慶は運慶《うんけい》の弟子で、今まで作品が発見されなくて〝幻の仏師〟と言われていたのが、その作品がはじめて発見された。美術史上では大発見よ。

それに運慶が関東地方にいかに力を持っていたかもはっきりしたし。
　この大日如来像の胎内から髪の毛が出てきたんです。三束。右、左と書いてあるものと、あとは髭《かもじ》じゃないかということになった。これを科学警察研究所（科警研）が調べましたら、右と左は同じ髪の毛で、血液型はO型だと……。
杉本　O型か。少し白髪《しらが》が混じっていたのよね。
永井　そう。それからもう一つ。熱海の伊豆山《いずさん》神社に、女の髪の毛を縫い取った梵字《ぼんじ》の曼陀羅《まんだら》がある。この掛軸の裏には「これは政子の髪の毛でつくった」ということが書いてあるわけね。そこで、その髪の毛を「ちょっといただけませんか」というわけで、これも調査してみた。
杉本　何型だった？
永井　O型なのよ、それが。しかも髪の毛の質も同一だ、と。
杉本　あら、まあ。
永井　O型の人ならたくさんいるわよね。でも髪の毛の質はそれぞれ違うんですって。
杉本　質はいろいろあるはずね。太い、細いとか、柔かい、硬いとか、外側が硬くて、内は柔かいとか。ねじれているとか。それが同じというのなら、すごい。
永井　同じだというわけね。それでNHKは政子のものだってことにしちゃった。
杉本　マスコミは結論をあらかじめつくっておいて、そこへもっていこうとする傾向が

ある。（笑）

永井　それで、私も「政子のもの」と言ったと思われているので、ここで「絶対そうじゃない」と弁明しておきたいの。

杉本　ええ、ここで言っときなさい。

永井　「承元四年八月」と実慶が胎内に書いているんで『吾妻鏡』を見た。そうしたら、同じ年の七月に頼家の未亡人、賀茂《かも》六郎重長の娘、辻殿《つじどの》が落飾《らくしょく》しているのよ。一月前ということは、仏像に入れるための準備だとしか思えない。

杉本　そうね。

永井　場所といい、私はどうも辻殿の可能性の方が強いと思う。

杉本　白髪があってもいい年齢なの？

永井　若白髪っていうのもあるわよ。（笑）

杉本　ちょっとばかり、そこが苦しいね。（笑）

永井　だけど、辻殿が頼家より年下とは限らない。

杉本　そう、妻が十も十五も上の場合がある。

永井　だから、白髪もありうると。それから、政子の髪の毛でつくったという曼陀羅の裏書きの字が後代のものなのよ。後から書き入れるということもあるでしょう。

杉本　あり得る。何でも政子のものにしておいた方が面白いからね。尼将軍というのはポピュラーでね。三島神社にもあるでしょう、政子の化粧道具。

永井　鎌倉の鶴岡八幡宮にもあるじゃない。

杉本　そう、みんな政子になっちゃう。

永井　だから私は曼陀羅の裏書きもあんまり信用しないの。それから政子自身がいつ落飾したかを調べると、これも『吾妻鏡』に書いてある。こちらは頼朝の一周忌。頼朝が死んだのが一一九九年ですから、一二〇〇年の一月十三日の祥月命日《しょうつきめいにち》の直前に政子が落飾して、一周忌の法要に阿字《あじ》（梵字）の掛軸をつくったとある。

杉本　髪の毛で？

永井　そう。「御台所《みだいどころ》が除髪《じょはつ》せしめ給うた髪でこれを縫った」とちゃんと書いてあるんです。

杉本　つまり政子の髪の毛の曼陀羅があることは確かなのね。

永井　しかし、これは一二〇〇年のことでしょう。承元四年は一二一〇年にあたるから、その間十年の開きがある。頼家が殺されたのが一二〇四年だけど、その供養のための仏像ができるなんて、一二〇〇年の時点でわかるわけがない。

杉本　そうよ。

永井　それからもう一つの理由は、落飾というのはどういう時にするかと……。

杉本　夫の死よ。

永井　そう、絶対でしょう。

杉本　それは絶対的よ。ただ、落飾除髪なるものには、ツルツル坊主にするか、肩ぐらいで切ってすますか、二通りある。肩ぐらいで切っていれば、また伸びるから……。

永井　それをまた切る。（笑）

杉本　だから、その時の除髪がどういうものだったか。

永井　そこは問題ね。ただ、それでも政子説に執着したいのは、政子が除髪して曼陀羅をつくったとほぼ同じ時に、政子のお父さんの時政の発願によって伊豆で仏像がつくられているの。もちろん頼朝の供養のためね、願成寺院の隣に頼朝が住んでいたので、そこに寺院を建て仏像をおさめて冥福を祈ったと書いてある。その中に髪の毛を入れたとは書いてないけれど、髪の毛の曼陀羅をつくり、残りを仏像の胎内に入れるというのは、ワンセットと考えていいんじゃないか。

杉本　そうね。当時の思考や慣習の流れからいえば自然ね。

永井　自然よね、仏像と掛軸だから。でも、その掛軸は本当は鎌倉の頼朝の墓のある法華堂になければいけない。だから伊豆山にあるというのはちょっと不思議なんだけど……。

杉本　どうしてだろうね。

永井　軽いものだから簡単に動かせるけど、理由が分からない。私はむしろ辻殿が承元

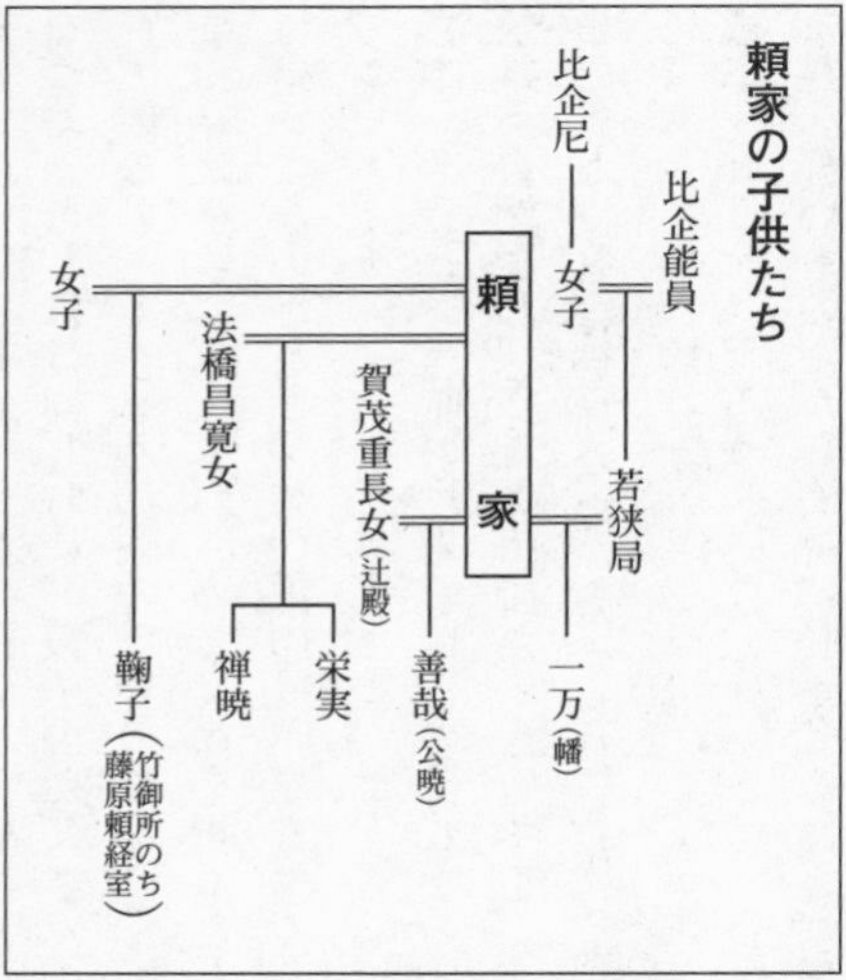

四年に落飾して、それを仏像に入れると同時に阿字の曼陀羅をつくった、ここでもワンセットできたんじゃないか、それが何かの事情で伊豆山神社に移された、そう考えることはできないかと思うの。場所も近いしね。

杉本　辻殿なる人物の血液型が分かるといいんだけど。（笑）

永井　それは全然決め手がない。歴史というのは、そういうふうに一つ決め手がないということが多いので、あとは推測しなければならない。ただ私は、髪の毛は政子のものではないだろうけど、背後に政子の手があるとは思う。

杉本　それはどうして？

永井　頼家と辻殿の間に生まれた子どもが善哉《ぜんざい》、つまり公暁《くぎょう》なのよ。政子は頼家が死んだ後この子がかわいそうになっていろいろ面倒をみているでしょう。われわれは頼家を二代将軍と見ているけど、そのころの鎌倉幕府の感覚では、将軍をやめた後で、三代将軍実朝《さねとも》に弓を引いた人だから殺したということになっていますから、政治犯なのよ。その子供である善哉はきちんとした身分が得られないから、この時頼家の名誉回復をして、辻殿を正室として認めたのではないか。

頼家には実はもう一人妻がいる。比企氏の出で若狭局《わかさのつぼね》。むしろこちらの方を正室と考えるべきなんだけど、『吾妻鏡』では「妾」と書いてあって、辻殿が「室」で正妻だとされている。『吾妻鏡』は北条氏寄りで、比企氏は政子に討滅されているから、辻殿を正妻とし一種の名誉回復をしてやる。ちょうど頼家の七回忌に善哉を晴れの場に出し、その後実朝の養子にして都にやって出家させるでしょう。その指揮をとっているのも政子だし。

杉本　結局、だれの髪の毛かということは、推理小説的なことだけど……。

杉本　NHK側に立って今の説の弱点をつければ、第一に白髪の問題ね。辻殿が白髪があるほどの歳だったか。第二に、政子の剃髪なるものが、クリクリ坊主か、肩から切るという形なのか。この二点ね。

永井　でも白い頭巾を被った政子の木像を見るとクリクリじゃないかと思う。

杉本　切る形じゃなくて剃る形じゃないかって感じがするね。「除髪《じょはつ》」と書いてあるんでしょう。切るときは「薙髪《ちはつ》」って言うもの。

頼家と実朝

永井　ところで、善哉の乳母《めのと》が三浦氏なのよ。そこが面白い。
杉本　乳母の存在はこの時代もまだ大きなウェイトを占めているわね。
永井　むしろ大きな政治的な意味を持ったのはこのころね。
杉本　卿二位《きようのにい》とよばれた藤原兼子《かねこ》なども、後鳥羽院の乳母で強い力を持っていた。
永井　そうね。頼家にしても、若狭局《わかさのつぼね》に魅かれて母政子をないがしろにしたということが排除された原因の一つだけど、その背後に……。
杉本　比企尼《ひきのあま》がいる。頼朝の乳母の……。
永井　だから頼家は比企の館で生まれた。そして比企尼の娘たちがこぞって乳母に出る。一人じゃないのよ。
杉本　そう、幾人も同族の中から乳母が出ている。
永井　今、比企氏邸跡に比企幼稚園というのがある。比企幼稚園に園児が一人という感じね。頼家一人に保母さんが何人もいる。
　でも政子には乳母が出てこないわね。
杉本　乳母がいるような土豪じゃないのよ。政子は裸足で伊豆の山々を駆け回っていた。

頼朝・頼家・実朝と乳母の関係

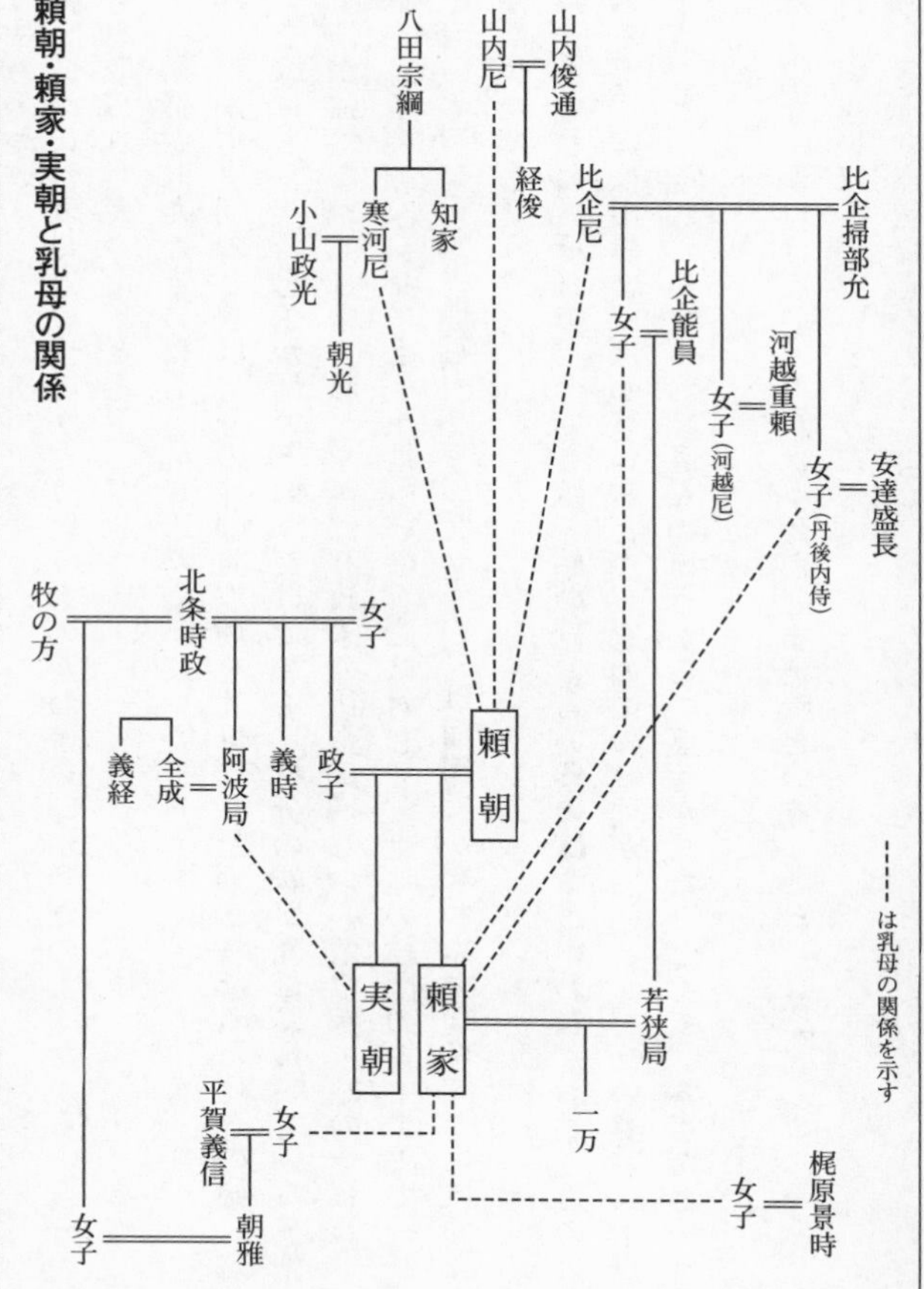

（笑）

永井　政子には乳母というのがどういうものかわからなかったのよ。だから、自分の子どもを取られちゃった、と……。

杉本　愕然としたときにはもう乳母の勢力下にいた。

永井　だから実朝のときは自分の妹の阿波局《あわのつぼね》を乳母にした。そうなると比企の娘（若狭局）を嫁にもらった息子が憎いというだけでなく、自分の妹が乳母に付いている実朝への愛情が強くなってきますね。やっぱり政子の比企氏憎しの心情は嫁・姑のそれね。

杉本　息子の頼家自身にも、土地争いの訴訟に対して、土地の絵図の真中《まんなか》に墨で一気に線を引いて、「一々現地を調査したりしていては面倒でかなわぬ」なんて、反抗的な素質があったでしょう。

永井　あるわね。それで、今でも嫁・姑の確執というのはすごいわね。お姑さんの目からみると、嫁は出歩いてばかりいるとか、家の中の整理が悪いとか、せいぜい六十点か七十点だと。それに対するお嫁さんのほうからの反論がまたひどくて、零点だという人がいるの。

杉本　点なんか付けない。それは「死んじまえ」ということね。（笑）

永井　いないほうがいいということ。

杉本　そう、点数なしなのよ。（笑）

永井　それから、われわれの耳にこたえるのは、「お姑さんは古い物をやたらにとっておく」と。

杉本　アッハッハ。私のこの服、いつ作ったと思う？　私なんか嫁さんに叩き出されちゃうわ。（笑）

永井　それは絶対昔も今も変わらないですね。「この人いない方がいい」と思うことは、双方お互いに一度や二度はあるんじゃない？　政子はそれを実行に移すわけだけど、政権がらみだから、よけいどぎつくなったんじゃないかしら。

杉本　ところで、あなた実朝をどう思う。やっぱり優柔不断？

永井　そうは思えない。歌詠みだから優柔不断とはいえないわよ。

杉本　そうよね。歌人というとすぐ優柔不断とか、文学青年的と考えるのは明治以降の思い込みだと、私は思う。

永井　そうよ。当時は歌が詠めないと政治家として一流でないとされていた。

杉本　承久《じょうきゅう》の変《へん》（一二二一年）を起こした後鳥羽だって歌が好きでしょう。『新古今和歌集』は彼の編纂によるわけだけど。

永井　実朝は必ずしも北条氏のロボットではない。

杉本　言うべきことは言っているし。

永井　そうよ。後鳥羽上皇の生母七条院の実家の坊門《ぼうもん》家のお姫様と結婚したというので、実朝は京都志向、公家嗜好があると言われるけど、後鳥羽上皇が何度も地頭の専断を抗議し、免職せよと要求してきても、一歩も引いていないわよ。上皇の命といえども御家人層の利益を侵害するような要求はきっぱりと退けている。

永井 後鳥羽上皇に贈ったという「山はさけ海はあせなむ世なりとも君にふた心わがあらめやも」の歌も、戦争中にさわがれたような忠君愛国の心情を詠んだものとは必ずしも言えない。私は東国の王者である実朝が西国の王者に贈った儀礼歌だと思う。

杉本 それと、ただの万葉かぶれ。私たちだってかぶれて真似ることあるじゃない。(笑)

永井 それに彼の歌、玉石混淆よ。ずいぶんひどいのもある。西行や宗尊親王に比べると格段に落ちる感じ。非業の死をとげたおかげでトクしてるの。日本人てセンチメンタルだから、ついついロマンチックに考えちゃう。

杉本 あの人ぐらい変なロマンがくっついちゃった人は少ないわね。中国人陳和卿《ちんなけい》のすすめで宋に渡ろうとして大船をつくらせたけど浮かばなかったという話は、私『船と将軍』で書いたけど、真相は藪の中でしょう。政治がらみの事件かもしれないのよ。それなのに、表向きは実朝が、宋の医王山《いおうざん》の長老の夢を見て、自身をその生まれ変わりだと知ったことから、渡宋の決意を固めたとなっている。実朝にはなぜかこの種の妙な夢物語がついて回っているわね。

永井 そうなの。実朝が死ぬとき「東風《こち》吹かばにほひおこせよ梅の花あるじなしとて春を忘るな」と、菅公（菅原道真）の歌を口ずさんだとも言われるけど、これもつくり話よ。公暁に首を斬られて、行方がわからない。首がないと五体不具ということになって……。

杉本　成仏できない。

永井　それで、五体不具のまま将軍を埋葬するわけにいかないから、首の代わりに髪の毛を入れるわけね。では、その髪の毛はどうしたかといえば……。

杉本　事件の前に調髪していて、その時、実朝自身が凶事を予感して、切って与えたというエピソードが作られた。

永井　髪結いに奉仕した男が、持って出てくるわけね。実は自分の髪を切ったのかもしれないけど。

杉本　うまく辻褄を合わせて……。

永井　「実は私がお預りしました」「どうして預かった」「こういう歌をお詠みになってお出かけになりましたので……」

杉本　ということで菅公の歌が出てくる。

永井　そうなのよ。

杉本　それから公暁が隠れていたという鶴岡八幡の大銀杏、ガイドが「この銀杏の木が公暁が隠れていて実朝を討った〝隠れ銀杏〟でございます」とやる。（笑）

杉本　第一、鶴岡八幡宮の別当がそんなところに隠れている必要ない。堂々と傍に立っていればいいのよ。

永井　銀杏ってすぐ大きくなるのよ。あれがあのときの銀杏のはずがない。

永井　あれは公暁の個人クーデターじゃないのよ。実際には鶴岡八幡宮の僧兵がかなり動いている。しかも、僧兵のなかに公暁派と反公暁派があった。義時はたぶんギリギリのときに反対派からこの計画を知らされて逃げたんだと思う。

杉本　源仲章に、自分が捧持するはずだった剣を渡して邸に帰ってしまうんだものね。

永井　よく、義時が前もって知っていてわざと公暁に実朝を殺させたと言うけど、私はそうじゃないと思う。

杉本　あなたの『炎環』がその解釈ね。私はあなたの説のほうが自然だと思う。仲章こそいい面《つら》の皮よね。

永井　そこで面白いのが三浦氏でね。三浦義村は公暁の乳母の亭主、彼はこの日鶴岡八幡宮に姿を見せてないの、重要な儀式なのにね。ということは、彼は邸で待っていた。

杉本　兵を集めて待っていて、公暁から暗殺成功の知らせが来たら、北条邸を襲おうと準備していた。

永井　ところが、義時を逃がしたというんで、「あ、これはまずい、ヤーメタ」というわけよ。（笑）

杉本　土壇場でパッと手の裏返して、即座に計画を変更してしまう。とっさの判断力がじつにすごい。本当にあの一族は面白いな。でもクーデターというのはなかなかうまくいかないのよね。成功したのは大化の改新ぐらいかな。

永井　あれぐらいね。成功しても義時を逃がした失敗は大きいわよ。

杉本　大きい。義時を逃がしたら、三分の二は不成功よ。

永井　不成功よ。だから義村は今度は公暁を裏切って義時に通報し、武士をやって公暁を殺させてしまった。ケネディ暗殺のときと同じよ。犯人を殺してしまえば真相はわからない。

杉本　フィリピンでのアキノ暗殺のときも口を封じた。豊田商事の永野会長を殺したのも、政治献金がらみの口封じを指示された殺し屋かもね。

義時と承久の変

杉本　ところで二代執権北条義時についてどう思う。

永井　私は立派な男だと思う。

杉本　私も好きよ。(笑)

永井　日本の政治家のなかでいちばん魅力がある。

杉本　あるねえ。

永井　義時にしても義村にしても、うかうかしてれば足すくわれるんだから、権謀術数はやるだけやっていい。だけど一番大事なのは、このときにどの選択が歴史的判断として後世にも評価されるものか、それを持たなければいけない。現在の政治家にはその判断力がないから単なる派閥政治、コップの中の嵐になってしまう。

杉本　北条氏は歴代、確かに内部抗争はするし、強力に他の氏族を排除もしたけど、為政者として今なすべき最優先課題は何か、泰時が制定した「貞永式目《じょうえいしきもく》」にも窺えるように、それは国民大衆の生活の安定であるというはっきりとした自覚を常に持っていた。

永井　そうよ。

杉本　権謀術数に凄味を発揮してはいても、逸話にもあるように、小皿に残った味噌をさかなに酒を飲んだり、粟の飯を美味《おい》しがったり、障子を切り張りしたり、執権一人一人の個人生活はじつに質素よ。

永井　そうよね。

杉本　私財を貯め込んで、栄耀栄華を尽くした人間は北条氏にはいない。

永井　五億円なんて絶対に貰わない人。（笑）義時は承久の変に対処したわけだけど、その前哨戦は、朝廷側が、実朝の死に弔問の使をやってそのついでに、「ときに……」と上皇の寵姫、もと白拍子亀菊の伊賀局《いがのつぼね》の所領の地頭を免職にしてくれと要求したこと。

政子は怒るわけだけど、西国政権もずいぶん無神経ね。この時にしても義時はいろいろな判断ができるわけよ。たとえばそこの地頭に「ちょっと泣いてくれ」と言うこともできる。しかし義時は「失態のないものはやめさせられません。これは頼朝以来の伝統である」ときっぱり蹴っちゃう。

杉本　大義を踏まえているわけよ。政治家としての……。

永井　承久の変が失敗したのは、結局、後鳥羽上皇が東国の政治的団結力とか武力を見損なったからね。

杉本　のちの正中の変（一三二四年）、元弘の乱（一三三一年）といった後醍醐天皇の反乱と比べると、一方は上皇で一方は天皇だけれど共に天皇御謀叛《ごむほん》である点、側近の公家あるいは武士の共謀であった点で共通項がある。だけど、承久の変が失敗し、執権政治を逆に強化する結果になったのに対して、後醍醐のときは一度は失敗もしたけれど天皇親政への道を開くことになった。これはつまり、承久の時は執権家が勃興期にあって、上皇側についたのは北条憎しと思っている頼朝派の武士とか院の近臣勢力と近畿の武士など、わずかにすぎなかったということ。

永井　そう。

杉本　それに反して、正中・元弘の頃は執権家が腐りかかって、神人《じにん》、供御人《くごにん》（社寺・貴族の力役や公事にたずさわる者）といった連中がアウトロー的に跋扈《ばっこ》しはじめ、全国規模で悪党と言われる武士団が横行しだしていた。つまり社会規制が緩み出してきていた上に、足利、新田、あるいは赤松といった大武力集団が立ち上った。根回しが大きかったということね。それに比べると、承久の変の後鳥羽は井の中の蛙というか……。(笑)

永井 そうなのよ。後鳥羽上皇はわりと苦労知らずでしょう。歌合わせに勝つから合戦も大丈夫くらいの気持で、自信満々なのよね。

杉本 流鏑馬《やぶさめ》を好んだの、相撲・水泳、武芸百般をたしなんだのといったって、お相手はみんな「はい、負けました」……。(笑)

永井 「お見事でございます」とゴマをすっていたんだから。

杉本 それと、後鳥羽をして立たしめたのは、やはり彼が相続した膨大な女院領、その経済力への自信だと思う。

永井 それにしても簡単に負けたものね。(笑)

杉本 全く戦略ってものを知らないのよ。保元・平治の乱の方が、まだしも策を立てている。

永井 夜討ちをかけるとか……。

杉本 なまはんか公卿が口出ししたから負けたけど、(笑)信西だって頼長だって一応は……。

永井 作戦練ったわね。

杉本　一応、作戦らしいものは練った。そして、源平の武将を獲得するためにも、それぞれ策略や駆け引きをめぐらしたじゃない。

永井　後鳥羽としては、北条義時に狙いをしぼった。幕府が憎いわけじゃない。後醍醐と違って彼は幕府を倒すなんて言ってない。東国武士も義時は嫌いだろう。だから三浦義村はじめ有力豪族あてに何枚も宣旨《せんじ》を送っている。「義時を殺せば恩賞は望みどおりとらせる」なんて言って、要するに与党切り崩しをやったんだけど、あれはまずかったね。密書を受けとった義村はそれを持って早速幕府にかけつけて協力を誓っちゃった。

杉本　そうね。だから承久の変の一つの意義は、院宣《いんぜん》なるものが木片《こっぱ》と同じだということが、天下にはっきり知れたこと。（笑）

永井　そうね。

杉本　武士が院宣なんて蹴散らして攻め込んでしまえば、どうしようもないと天下万民に知らしめたことね。

永井　後鳥羽上皇はその後、隠岐島に流されてクサっているでしょう。

杉本　だけど、後醍醐が小舟を仕立てて伯耆《ほうき》に脱出したのに比べると、おとなしいわね。（笑）

永井　後鳥羽はまた歌へ戻るのよ。『新古今集』の隠岐本というのをつくる。

杉本　「われこそは新島守《にいじまも》りよ」という歌はあそこで詠んだ。

ゴマすり定家

永井 それで思い出すのは藤原定家《ていか》。あの人はゴマすりでねえ。

杉本 卿二位《きょうのにい》という後鳥羽の乳母で、かげの実力者がいたでしょう。立身出世を願う貴族たちが門前市《いち》をなして賄賂が家に満ちあふれたとかいう。定家は日記『明月記』で「狂女」とののしっているくせに、自分もせっせととりいっているのよね。それで効果てきめん、任官が内定するや、深夜にもかかわらず彼女の家まで御礼に出かけていく。

永井 あの人も実朝と同じで、歌人だというのでよく思われているけど、あのくらい出世亡者はいないわよ。

杉本 政界での身分、実力からすれば仕方がないかもしれないけど、定家は人間としては過大評価されすぎている。

永井 官僚の面を忘れているのね。

杉本 歌人はその裏芸なのにね。

永井 歌の才能をうまく利用すれば出世もできるというのが当時の感じなんであって、現在の歌人、文学者みたいに考えると間違えてしまう。

杉本 山上憶良《おくら》が大伴旅人に「早く中央に戻してください」と泣きついたって、彼の

「銀《しろがね》も金《くがね》も玉も何せむに勝《まさ》れる宝子に及《し》かめやも」の歌と矛盾しない。筑前守とすれば都に帰りたいんだものね。それと同じよ。

永井　当然よ。中世の人間の二面性ということが明治以降忘れられているのね。定家の父親の俊成だって、やっぱりすごい出世亡者で……。

杉本　日本人はものごとを単純化したい民族なのね。善か悪か、どちらかにきめようとする。「義経が気の毒」となると、義経の欠点を見ようとしないといったたぐいね。人間は複雑なのに……。

永井　後鳥羽が失脚した後、今度は定家が勅撰和歌集の撰をまかされるでしょう。それまでは後鳥羽の下で使われていて、自分が推したのに後鳥羽が認めないと文句たらたらだった。

杉本　『新古今和歌集』は実態は、後鳥羽上皇の撰と言っていい。

永井　そう。だから定家は「俺は無視されている」とブウブウ言ってる。それで今度は自分の撰で出せるというので張り切ってやるんだけど、そのとき後鳥羽の歌は全然入れない。あれは、はっきりしているわね。

杉本　ところが後鳥羽のほうは『新古今和歌集』に定家の歌も採用しているのよね。

永井　やはり歌人としては後鳥羽の方が上かな。定家は保身術がすごいの。だって定家は実朝に秘蔵の『万葉集』を贈ったり、『近代秀歌』という歌論集をわざわざ書いて御機嫌をとっているでしょう。その際必ず「私の所領を何とかしてください」。（笑）要するに両天秤《りょうてんびん》かけているのよ。

杉本　もっともそれは、平安朝以来の官吏の通有性ね。

永井　それはそうだわね。

泰時と時頼

杉本　話は戻るけど、承久の変の主謀者の一人の二位法印尊長《そんちょう》が乱後に逮捕されて六波羅探題の前に引き出されたとき、「早く首を斬れ。さもなくば義時の妻が義時に飲ませた薬で早く俺も殺せ」と叫んだという話があるでしょう。義時が妻に毒殺されたって話、あれ本当？

永井　私は本当だとは思えない。尊長というのは頼朝の姉婿で京都守護職にあった一条能保《よしやす》の子よね。能保の子のうち頼朝の姉の産んだ高能《たかよし》は、一度は頼朝の娘と結婚しかけたという人物でしょう。だけど、尊長は頼朝の姉の子ではないから、鎌倉に対しては愛憎屈折して複雑な心境にあった。だから、それくらいな悪口をたたいて……。

杉本　しかし、少しは根拠があったんじゃない。風説が流れたとか。

永井　義時が急死したことは確かね。しかも死後、後継者問題で陰謀事件が起きた。長男の泰時が執権職を継ぐのが順当と見られていたのに、義時の後妻伊賀局《いがのつぼね》が実子の政村《まさむら》を執権に、娘婿の貴族一条実雅《さねまさ》を将軍に立てようとするわけね。これを、政子が乗り出して、背後にいた三浦義村を説得して収めた。

杉本　殺したという説が流れてもおかしくはない背景があった。

ところで実朝の死後、公家将軍の第一代目として九条道家の子藤原頼経《よりつね》が鎌倉に下ってくるでしょう。その妻の竹御所鞠子《まりこ》に私すごく興味を持ったのよ。

永井　頼家の娘ね。

杉本　鎌倉殿のただ一人残った血族よ。それが将軍頼経と結婚する。

永井　年上でしょう。

杉本　三十前と十幾つ。純然たる政略結婚ね。私、その二人に興味があって、習作時代に小説に書いたの。その時、調べたら、頼経の父方の九条道家に毒殺の噂があるのよ。それで、あの頃毒殺が横行したのかしらと思ってね。

永井　コロッと死ぬとすぐ毒殺の噂が出るのよ。

杉本　そうね。脳出血だって、心不全だってあるしね。

さて、義時の次は泰時。「御成敗式目」を編纂した（一二三二年）泰時をどう思う？

永井　泰時はあまり面白い人物じゃないから……。

杉本　時頼《ときより》に行こうか。でも私、時頼は大嫌いなの。（笑）実朝と別の意味で伝説があ

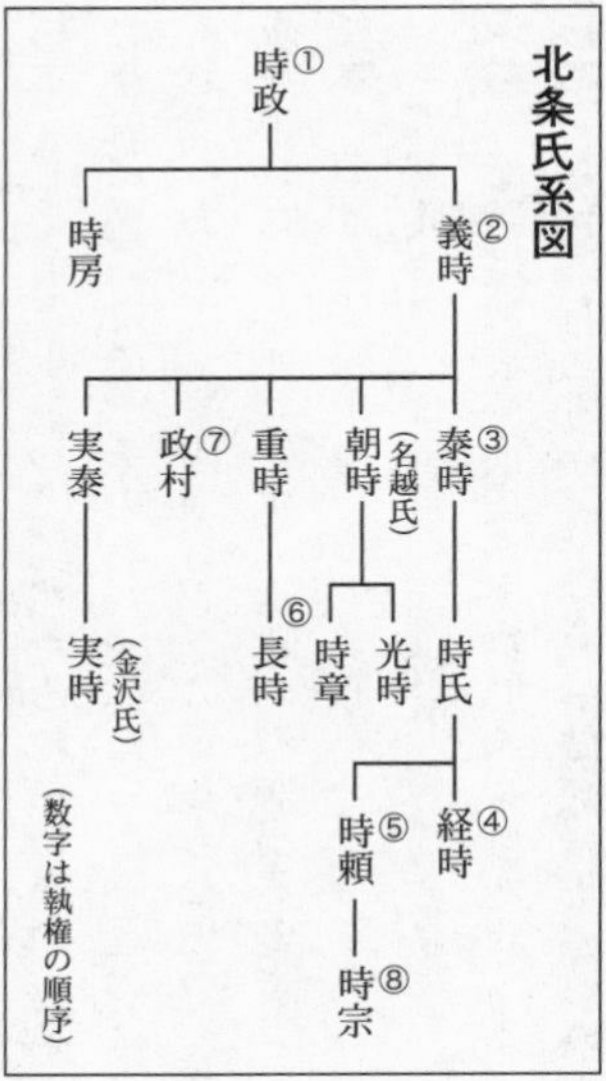

りすぎる。能の『鉢木《はちのき》』。諸国を巡歴していた最明寺入道時頼が鎌倉に帰る途中大雪に出会い、ある民家に一夜の宿を求めたところ宿の夫婦が秘蔵の鉢木を燃して暖をとらせてくれた。この主人佐野《さの》源《げん》左《ざ》衛門尉常世《えもんのじょうつねよ》は領地を一族の者にとられて零落しきっているが一たび事があれば一番に鎌倉に駆けつける所存だという。

永井　それで鎌倉に戻った時頼は諸国に呼びかけて軍勢を集めこのことばの真偽を試したところ、彼が真先に駆けつけてきた。

杉本　時頼はその忠節を愛《め》でて、もとの領地に鉢木の梅・桜・松にちなんだ荘を加えて佐野に与えたという。まるで水戸黄門の鎌倉版みたいに喧伝されているけれど、一人の人間の忠節をテストするために、全国に召集令かけるなんて騒動を、実行できる？　いくら執権だって……。（笑）

永井　時頼は三十七歳で死んでいるもの。あんなオジンじゃない。謡曲はあなたの専門

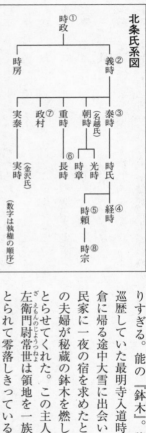

だけど、謡曲の功罪って大きいわね。（笑）

杉本　時頼は若い時からなかなかの政治家よ。執権職についてすぐ前の将軍頼経を押し立てた重臣たちのクーデターがあるでしょう。彼はその機会を逆に利用して、頼経を京都に追い返し、ついに目の上のコブの三浦氏をやっつけてしまう。

永井　そう。北条氏と三浦氏は百年戦争なのよ。三浦氏は頼朝の旗揚げのときから北条氏より大きい。頼朝が鎌倉に落ち着いたのも、鎌倉が要害の地であったこともさることながら、三浦氏の地元に来て、その傘の中へ入ったのだと思う。それなのに北条氏がどんどん大きくなってくる。三浦氏は面白くないわけですよ。だけど、鎌倉武士は単細胞だと思ったら大間違いで、百年かけて戦う。実朝暗殺は野球でいうと五回表くらいかな。

杉本　それは武力があるからよ。公家同士の足の引っぱりあいと違ってお互いに強力な武装集団を擁しているから米ソの核抑止力と同じで容易に手を出せない。

永井　本当の実力対決はしない。猫と同じ。ミャオーと睨みあっていても、なかなか取っ組み合いはやらないの。

杉本　だって食うか食われるかだもの。勝算がないときは分かれるわよ。

永井　当時は三浦半島を通り抜けないと千葉県の方へは行けなかった。それで北条氏は鎌倉の朝比奈峠を開鑿《かいさく》して横浜方面に抜けられるようにした、いわゆる関東ルートね。これは産業道路であり軍事道路なのよ。そういうことをしながら、チョッと手を出すかと思うと、サッと退く。
杉本　その三浦氏をついに滅ぼしたんだから、北条時頼は大変な人物よねえ。
永井　千葉氏も滅ぼして、三浦・千葉という開幕以来の最大のライバルを倒した。
杉本　彼は三十歳で引退してなお力を振るいつづけた。後に得宗《とくそう》（義時の別名に起源する）政治といわれる隠居政治を始めたのが彼よ。
永井　あの紫陽花で有名な明月院に、鎌倉では珍しい時頼の塑像《そぞう》があるのよ。
杉本　烏帽子《えぼし》をかぶったよく写真でみる木像ではなくて？
永井　そうじゃないの。木菟入《ずくにゅう》で眼光炯々《けいけい》として……。
杉本　でも烏帽子の時頼もギョロ眼だよ。
永井　そうね。でも、こちらは実に稚拙なの、塑像なんてつくったことないものだから。だからいよいよ顔が憎らしくなっている。その中に時頼の骨が混ぜてあるという伝説があるのよ。
杉本　砕いて粘土の中に混ぜたのね。それを化学的に分析して彼の血液型がわかったら……。
永井　面白いわね。

蒙古襲来す

永井　それから元寇。文永の役《えき》（一二七四年）に弘安の役（一二八一年）。

杉本　おかしいのは双方の戦闘形態の違い。まず日本側が合戦開始の合図に鏑矢《かぶらや》をブーンとやったら、蒙古軍がワーッと笑ったというじゃない。（笑）それから「ヤーヤー、遠からん者は音《おと》にも聞け。我こそは桓武《かんむ》天皇九代の後胤……」なんて名乗りをあげてたら、蒙古軍がドッと撃って出てきてあっというまに生捕りになったり、殺されたり。（笑）

永井　源平合戦当時の戦法しか知らないから……。

杉本　まず強者が出て名乗り合って一騎打ちを、なんて考えているうちに、一騎当千の強者《つわもの》がつぎつぎと打ちとられちゃった。（笑）相手は集団戦でくるんだからね。

永井　ソ連の新式戦車や火焔放射器に歩兵で立ち向かったノモンハン事件（一九三九年）みたいなものよ。

杉本　こちらが強弓をひきしぼっているうちにもっと短くて射程距離の長い矢がパッパッパッと飛んでくる。しかも矢尻に毒が塗ってあったから、掠《かす》り傷なのにすごく痛い。

永井　それに加えて「鉄炮《てっぽう》」が飛んで来る。火薬なんてもの日本人は全く知らないんだから、これにはびっくりしたでしょうね。

杉本　にもかかわらずなぜ負けて帰ったかというと、「神風」もあったけど、結局駆り集めの軍団だったということね。忽必烈《クビライ》が擁していたモンゴル軍は内陸の騎馬軍団でしょう。海戦はできない。征服し屈伏させた漢民族とか朝鮮半島の人たちの混成軍だから士気は上がりはしない。軍船だって強制し突貫工事でつくらせた即成だから手抜きがある。

永井　元という国がそもそも定着の農業国家じゃないでしょう。二百十日の嵐といったって台風じゃないのに、バラバラに解体して海の藻屑……。

杉本　騎馬牧羊民族。

永井　だから日本は助かったのよ。

杉本　私たちが習った旧軍国歴史では後鳥羽を流したとか、後醍醐に敵対したとかで、北条政権は逆賊扱いだったけど、モンゴルとの戦いを見ても、二度にわたる来襲を撃退し、その上、恩賞問題で苦しんでいる。二十何年もかかって将軍の直轄領まで分けて払っている。何しろギブ・アンド・テイクだから、竹崎季長なんか、戦線を離脱してわざわざ鎌倉まで戦功を言いたてにくるほどだった。

永井　後に『蒙古襲来絵詞《もうこしゅうらいえことば》』を描かせた肥後国の御家人。でも、この時の戦闘の様子が今でもよくわかるのは彼のおかげね。

杉本　そう。しかしこの国難で北条政権は衰弱してしまった。

永井　結局、あれが北条氏の滅亡の原因になったのね。

杉本　それなのにその弱った政権を倒したんだから、後醍醐なんて天皇はひどい。本当だったら、「よくぞ外敵を排除してくれました」と感謝すべきよ。天皇の立場とすれば……。

永井　その時、亀山天皇は何をやったかというと……。

杉本　ただ祈っていただけ。加持、祈禱《きとう》。（笑）

永井　赤裸な告白で知られている『とはずがたり』はちょうどこの頃の話なんだけど、元寇については何も出ていない。

杉本　我関せず焉《えん》、よ。都の人にとっては「九州の方で何かさわいでいる」くらいのことなのね。

永井　『とはずがたり』の作者大納言源雅忠の女《むすめ》、二条は後深草天皇の乳母の子供なの。後深草が初めに経験した女がこの乳母。当時は乳母に教えてもらうということが多かった。だけど乳母は大人で自分は子供でしょう。乳母にはたくさん恋人がいて、なかなか相手をしてくれない。そこで乳母がほかの男の子供を産んだら、これを自分のものにしようと思っていたというのね。それが『とはずがたり』の主人公の二条なの。

この子が少女になったとき、後深草に声をかけられて、その愛人の一人になるんだけれど、すでに西園寺《さいおんじ》実兼《さねかね》という愛人がいて、密かに会って子供ができちゃう。そうかと思うと今度は後深草の弟と恋愛関係になるんだけど、これは後深草が「弟がお前のことを好きだと言うから行ってやれ」と言ったからで、現在の恋物語、純愛物語などとは……。

杉本 全然違う。

永井 後深草もよその女を引っぱってきて、しかもその手引きを二条にさせておいて、終わってから「あれは大した女じゃなかった」なんて言う。何というか、実に、お茶を飲むみたいに公卿と関係したりして、二条という女性は奔放と言えば奔放で、あの話は『女源氏物語』のような感じなんだけど、政治とか時代の流れから完全に浮き上ってしまって、男女関係しか興味がなくなっちゃったのよね。

杉本 一種の閉塞状況ね。

永井 現在の状況もセックスが非常に大きく扱われ、それしかないように、自己目的化されているけれど、これはやっぱり自由な状況ではなくて閉鎖状況だと思う。だから二条だけ見ると本当に素敵な恋の女なんだけど、その時代に元寇があったということを考えなければいけないと、私は思う。

杉本 彼女の意識の中には元寇の「げ」の字もないんだから。
それと、前にも触れたけど平安時代の上層階級とちがって、遊女、傀儡《くぐつ》、白拍子とか、いわば売笑婦的な女性が堂々と天皇や上皇の相手として宮廷に入りこんできている。これが中世からの上層階級の女関係の特色ね。

新しい知性

杉本　話がかわるけど、この時代になると、慈円《じえん》や吉田定房《さだふさ》のように、ちょっと離れて時世を見ながら、それなりの憂いを持って諫言《かんげん》して入れられなかったり、アウトローではないけれど……。

永井　いわゆる傍観者？

杉本　客観的な眼を持った連中が初めて出てくる。

永井　慈円は『玉葉』の作者九条兼実《かねざね》の弟で天台座主《ざす》。彼が書いた『愚管抄《ぐかんしょう》』は日本の史書のなかでもユニークで面白いわね。「こうあった。あれがあった」と言いながら、一つの史観を持っている。

杉本　吉田定房にしても、後醍醐の側近で内大臣にまでなっているんだけど、後醍醐ベッタリではなくて、天皇御謀叛を鎌倉幕府に言いつけて止めさせようとするというように、歴史の動きから一歩退いて時代を見ているでしょう。

そういう中から吉田兼好のように、アウトローの眼というか醒めた批判精神を持つ者が生まれてくる。

永井　定家のような官僚ではなく、文化人的連中が知性を支えるというか。道理にはずれるからこうなったとか、歴史に対する一種の倫理観念が出てくる。

杉本　評論家と言ってもいい。評論の系譜の原点になるものが生まれはじめた。それが中世の面白さね。

永井　宗教上の改革運動もそうした動きと関連しているでしょうね。

杉本　私は、仏教が魂の救済のために血しぶくようなフレッシュな生命力を持ったのが鎌倉期だと思うの。鎌倉時代の祖師たちは裸足《はだし》で民衆の中に入っていって魂の救済を説いた。伽藍など持とうとしなかった。

永井　そうよね。

杉本　紫衣《しい》や金襴の袈裟《けさ》を競望したりしない。破衣《やれごろも》に素草鞋《すわらじ》ですよ。そういう祖師たちが、それぞれ主張は違うけど愛の精神に促されて、あの動乱期の民衆の苦悩に真剣に答えようとした。あの時代がわが国の仏教のピークね。あれ以後は下がる一方で、現在なんて末法だね。（笑）末法とも言えない。滅法《めつぽう》だ。（笑）法なんてないや。

永井　源平から承久というひどい戦乱を経験して、人間が真剣に物事を考えるようになった。

杉本　人の生死《しょうじ》が日常化し、無常の実例を無数に眼前に見たんだもの、考えざるを得ない。

永井　人を殺してはいけないと言われても殺さざるを得ない人がたくさんいる。その人たちをどう救うかということね。

杉本　源平双方の武将が同じ観世音を祈るんじゃ、観世音はどうしたらいいのか。（笑）

永井　困っちゃう。

杉本　敵、味方とは仏から見て何なんだろう？　生き残るために人を殺すのは罪か。祈りとは、救いとは、この生き身にどうかかわることなのか？　といったさまざまな、魂をゆさぶる根本問題が提起された時代よ。

永井　それまでの仏教は貴族のものであって、お経も書けなければいけないけど、一般の民衆には書けないものね。第一、金襴の巻子《かんす》仕立てに金泥なんかで書くなんてできないわ。

杉本　紺地金泥、水晶の軸なんて、高価なものに手を出せるわけはない。

永井　そういうことができるのは今で言うと年収何億円の人よ。しかしそれ以外の人にこそ魂の救いがなければいけないと言い出した法然とか親鸞はやはり宗教家として非常に優れた人だと思う。

杉本　でも親鸞の「善人なおもて往生を遂《と》ぐ、いわんや悪人をや」というのは、一見、分かりやすいために、誤解もされやすい。

永井　そうね。

杉本　自分は悪人であるというドン底の自覚に落ち込んで、「これは大変だ。どのような慈悲慈愛の仏でも私のような悪人は救わないんだ」とぞーっとした瞬間、思わず「南無阿弥陀仏ッ」と出た悲鳴に近い一言が「いわんや悪人をや」なのよね。

永井　親鸞はただ数多く念仏を称えればよいという考え方は否定しているわね。

杉本　なまはんかなエセ善人より、人殺しのようなのっぴきならない大罪を犯して「ああ、自分の行くところはもう死刑台しかないんだ」と絶望し覚悟した人の方が、よほど救済のチャンスはある。自分の手の血まみれに、ぞっと震えあがった人間にこそ、悔悟のチャンスがある。悔悟のない善人は、悔悟した悪人より始末が悪いというのが、「善人なおもて往生を遂ぐ、いわんや悪人をや」ということよ。

永井　そういう新仏教と共に、鑑真がもってきた戒律をもう一度復興させようとする動きもあった。西大寺中興の祖と言われる律宗の叡尊《えいぞん》、その弟子の忍性《にんしょう》などがそれで、「戒律なんて意味がない。誰だって守れっこないんだ」という状態の中で、なおかつ守ろうとするのが戒律じゃないか。叡山も南都（興福寺、東大寺）も駄目だ。そのときに、「お釈迦様は何をした人だろうか、戒律をお説きになったのだ」ということになって、「釈迦に帰れ」ということが言われた。「それではどうするんですか。生き物を殺しながら生きなきゃならない人もいるじゃありませんか」と言うと、「それは生きていくためだから仕方がない。その代わりに、それによって得たものの一部を寄付して、ほかのもっと困っている人を救ったらどうか」と、貧民救済、いわば一種の社会福祉みたいなことを始めた。忍性がまず鎌倉に来て北条重時《しげとき》（執権長時の父）の支持を得て極楽寺を再建し、師の叡尊を鎌倉に招こうとはかったんだけど、一人一銭運動では限界があって、結局北条氏の免許を得て、街で「関銭」をとるようになる。すると日蓮が反発するのね。人を救え、福祉だといいながら、民衆を苦しめているのは忍性じゃないか、と。それで忍性と日蓮は大喧嘩をする。

杉本　忍性が雨乞いの祈禱をしたら、七日経っても降らなかったので、日蓮が論難したとかいう話ね。だけど、日蓮についてはどう思う？

永井　私はついていけない。

杉本　そうねえ。

永井　ただ、文筆的才能はあるわね。ラブレターじゃないんだけど、女の人に、とってもいい手紙を書いている。平易に、かみくだいて。

杉本　法然もそうね。たとえば「月のもののときに念仏していいでしょうか」と問われたら「いいですとも。女の負う生理の宿命ですもの」とか、「眠くなったらどうしましょうか」「そのときはちょっと眠りなさい。そして目が覚めたら念仏しなさい」とかね。言い方がしみじみと心にしみる。

永井　いいのよね。

杉本　日蓮にもじーんとさせられる言葉があるのよ。「鳥獣《けだもの》は啼けども涙落ちず、日蓮は泣かねども涙ひまなし」なんてね。中世の祖師たちは一方では名説法者だったと思うわ。

永井　そう、そうよ。

杉本　だからあれだけ大衆を引きつけた。

永井　私は道元が好きなの。

杉本　道元は法弟を養成するのが肝要だと考えた人ね。つまり救いのための尖兵を養成しようとした。あの人の厳しさというのは、涙が出るような愛よね。「汝、法のために不惜身命《ふしやくしんみよう》ならば、山河大地、また汝のために法を惜しまず」なんて言われると泣けてしまう。私も好きだわ、道元……。

永井　それで権力に絶対に近づかなかった。北条氏も招ぶんだけど、すぐ帰っちゃう。

杉本　京都にもいないでしょう。

永井　京都の貴族の子供なのにね。とにかく勉強が本格的なのよ。日本の仏教は堕落している。中国へ行かなくては駄目だと、中国語を習い、本当に中国へ渡って、禅宗の根本的な精神を受け継いで帰って来る。

杉本　それでも権力には近づかないのよね。

永井　そう。波多野氏という、言わば地方の中小企業主のような人をたよって……。

杉本　永平寺《えいへい》は寺と言ったって学林、つまり弟子の養成機関だから、いわゆる伽藍仏教の寺とは違う。
そして道元は、たとえば女のもとに通って帰ってきた堕落弟子がいつも座禅を組んでいたところの床を剝がして、その下の土まで捨てさせたとか、あなたがおっしゃった持戒の重大さを徹底させた。その流れを汲む現代のお坊さんは、もう一度出家の仕直しをするべきだと思うわ。

永井　本当にそうね。道元は、「草庵白屋は古聖の所在なり」とか、「出家学道の、いかでか豊屋に幽棲するあらん」といってるわね。まして「庭など不要」のはずよ。ところがいまの禅寺は末寺にいたっても何のためだかすごい庭がつくってある。

杉本　祖師の精神なんてものは、どこ吹く風よ。

永井　そのくせ「宗教者は祖師に帰れ」って言うのよ。

杉本　何言ってるのよ！　帰れるものなら帰ってごらんよ。（笑）

北条氏の滅亡

永井　いよいよ北条氏の滅亡に話が移るんだけど、この頃はすでに得宗《とくそう》家とよばれる北条家の本家が権力を握るようになっていて、本家に直属する御内方《みうちかた》（人《びと》）が実務上で非常な力を持っている。

杉本　鎌倉時代も後期に入ると、執権職が得宗の下についてしまう。院政当時の天皇と院の関係に似てくるわね。高時《たかとき》はこの得宗の系譜の人だけど、間《ま》がぬけていると大変評判が悪い。『太平記』では「天王寺のや妖霊星《ようれぼし》（天下が乱れるときにくだる悪星）を見ばや」なんて田楽《でんがく》に狂っていたように書いてあるけど、あなた、高時って本当にアホだと思う？

永井　そうでもないと思うわ。『太平記』は、慈円の『愚管抄』に見られる倫理観念が肥大化して、悪いことをするから滅びるという一種の史観を持っている。だから高時を「駄目なやつ」と決めつけてしまうけど、実際はそれほどでもなかったと思う。高時が自害したとき同じ東勝寺で死んだものが八百七十余人あったと、『太平記』に書いてあるもの。

杉本　鎌倉滅亡というのは本当に胸が熱くなるわね。新田、足利が「百年戦争」でジッと北条を睨んでいた心境もわかるけど、そういった身内が攻めてきたのを支えて、一門結束して立て籠ってあちこちで自尽していく姿というのは、悲壮で、きれいね。

永井　あんなにとことんやるのは他にないわね。同じ『太平記』にある話だけど、御内人の一人で長崎高重《たかしげ》という武士が、鎌倉の各地で八十余度も戦って東勝寺にある本営に帰ってきて、高時に対して、「上の御存命の間に、今一度快《こころよ》く敵の中へ懸入《かけいり》、思程《おもうほど》の合戦して冥途《めいど》の御伴《おとも》申さん時の物語に仕《つかまつり》候はん」と出かける。そのときに自分が参禅していた崇寿寺《すうじゅじ》の南山和尚に「如何是勇士恁麼《いかなるかこれゆうしいんも》の事《じ》」と問う。そもそも勇士とはどういうものか、武士はどうあるべきか、と言うわけね。すると南山和尚が「吹毛急用不《すいもうきゅうにもちいてすすまん》レ如レ前《にはしかじ》」と答えた。吹毛は剣ね。つまり、剣をふるって進むよりほかないじゃないか。今さら「人生とは何か」じゃない。とことんやるしかない、と。それで「わかった」と出ていって、斬って斬って斬りまくり、最後に引いて、高時の前で腹を切る。もっとも南山和尚はこのとき鎌倉にいなかったらしいんだけど、でも高重の生き方はいかにも鎌倉的ね。

杉本　死の美学の一典型よね。その中心にいたのが高時だもの。田楽好きのアホだったら、「快《こころよ》く敵中に懸《か》け入る」なんて心理状態にさせるかしら。

永井　そうはならないと思う。みんな離反しちゃうんじゃない。

ある意味では、元寇あたりから、北条氏は繁栄と滅亡が裏表で一体となっている時代を歩いている。財政は破綻しているが、全国の守護職の過半を北条氏、しかも得宗家が取っちゃう。

杉本　そう、守護の半分以上が北条家。

永井　いまで言うと、与党が過半数どころか四分の三ぐらい取っちゃって大変な力を持っているように見えるけど、実際は点しか握っていない。この頃には新しい力の擡頭《たいとう》が著しくて御家人より下の非御家人層が多く出てきているんだけど、そこをつかみきれていない。鎌倉幕府は確かに古代社会あるいは藤原氏や平家の時代より進歩的だったけど、もう革袋が古くなってきていたのね。

杉本　悪党、野伏《のぶせり》などと言われる人間が各地に出てきた。寺社あるいは天皇・摂関家《せっかん》のような権門・勢家につかえていた寄人《よりうど》とか神人《じにん》、供御人《くごにん》とか、種々の公役に奉仕したり、米、野菜、魚、酒、油といったものを納める役の人たちが、だんだん力をもってきて、販売権や製造権を独占して、たとえば大山崎離宮八幡宮の神人たちが大山崎油座をつくったように座をつくる。商業組合よね。また、こうした連中のなかから大和の僧兵のような傭兵的な悪党も生まれる。あるいは高利貸しに借りた金が返せなくて土地を奪われた御家人が牢人化したり、いままでの権力の網の目ではくくれない膨大な浮動層が生じてきたのに、北条氏は彼らのエネルギーをつかみそこなった。

永井　ところが、この、言ってみれば下から盛りあがってきた勢力が直接北条氏を倒して政権をつくるのなら、確かに歯車は前に回るんだけど、彼らが仕えている天皇家とか、神社とかお寺とかはものすごい古い体質も持っている。言わば極右なのよ。それで話が複雑になる。後醍醐はそういう新しい勢力にのっかりながら、意識としては「律令制よりもう一度、平安朝よもう一度」なの。

杉本　王政復古だもの。まったく時代錯誤のアナクロニズム。

永井　名前からして「後・醍醐」でしょう。

杉本　醍醐――その子村上天皇の天暦の時代と共に延喜・天暦の治とよばれる理想の天皇政治を行なったとされる帝《みかど》の時代に帰ろう、だものね。

永井　後醍醐という名は贈名《おくりな》（諡号《しごう》）じゃなくて自分でつけたんだから。そんなことはそれまでやったことない。つまり、いま徳川将軍の子孫が「江戸時代よ、もう一度」という感じよ。（爆笑）

杉本　それに近いことを大真面目に考えていたんだからね。

楠木正成の正体

永井　だから楠木正成《くすのきまさしげ》の解釈がむずかしい。私は、これは全く独断でありますが、悪党《あくとう》正成説には多少異論があるの。

杉本　戦後、やっと自由にものが言えるようになって、忠臣正成像が見直されたとき出てきた学説ね。

永井　正成を「悪党」と書いている文書が確かに出てきたのよ。一つは、東大寺領の播《はり》磨《ま》国大部荘《おおべのしょう》で罷免された雑掌垂水《たるみ》左《さ》衛門尉《えもんのじょう》繁昌《しげまさ》という者が乱入し、年貢、牛馬等を奪い去ったという記録の中に河内楠入道という名がある。もっとも、このあとの文書では河内栖入道とあるのが弱いところなんだけど。もう一つ、一三三二年に後醍醐が建てた

杉本 臨川寺《りんせんじ》の所領の和泉国若松荘《わかまつ》というところで……。「悪党楠兵衛尉、当所を押妨《おうぼう》（侵略）の由、風聞の説」と書いた文書が残っているね。

永井 それで、いわゆる御家人ではなく、輸送業者みたいなことをしていたんじゃないだろうか、だからこそ全国に顔がきいたんだろうとか、悪党説が強くなった。

杉本 しかし、この文書の後ろを見ると、「若松荘は自分が持っていたのに、道祐《どうゆう》という僧に取られてしまった。この道祐が排除されて自分の所領に戻ったにもかかわらず、悪党兵衛尉が横取りして譲らない」と臨川寺は言っているだけなのよ。

永井 そうね。だからその時点で悪党ということで、悪党出身かどうかはわからない。「あいつは悪党だ」と単なる悪口のつもりで言っていたのかもしれない。

杉本 そう。共産主義者でもないのに、「あいつはアカだ」なんて言うのと同じで……。

永井 しかし正成の戦法はゲリラ的で、つまり悪党的戦法ね。

杉本 それも伝説が多いと思うんだけど。しかし、本格的な鎌倉武士団の首領ではないわね。問題なのは若松荘を領有していた道祐。

永井 真言立川流《しんごんたちかわりゅう》というちょっと淫猥な祈禱をする、妖僧だね。

杉本 関東調伏《ちょうぶく》の祈禱なんかした一味のようだけど彼は立川流じゃない。

永井 南北朝動乱の火付け人。

永井　ただの妖僧じゃない、『太平記』は僧侶の存在を見誤っているのよ。

杉本　それと、道祐の師の醍醐寺の文観《もんかん》。これも妖僧ラスプーチン。

永井　醍醐寺は当時、叡山とか高野山くらい力があって大変な所領を持っていた。その所領で鎌倉の息のかかった武士がいろいろ問題を起こすものだから、彼は武士が憎くてたまらない。それで後醍醐と仲よくなって、「あなたは後醍醐だ。鎌倉をひっくり返そうじゃないか」と、企画をたてる。彼こそ南北朝動乱の総プロデューサーよ。

この醍醐寺の系統に河内の観心寺も入るし、金剛寺も入る。この文観の下にさっきの道祐という僧がいて、彼も後醍醐と親しい。それで正中の変がうまくいきそうになったとき、後醍醐は若松荘を道祐にくれてやるんです。しかし、計画が失敗したものだから道祐は若松荘から手を引かざるを得ない。そのとき、楠木正成が道祐についていたと思われる。楠木正成の本領は千早のあたりだから、金剛寺の領内なの。だから私は、正成は金剛寺の荘園の武士だったと思う。

文観は観心寺と同様に金剛寺にも自分の人脈をはりつけている。河内は先進地帯だからこの所領はかなり大きな意味を持つ。そこに正成がいて、文観の上に後醍醐がいるんだから、正成は後醍醐方につかざるを得なかったのではないかな。

私はこの文観という男はもっと注目しなければいけないと思う。後醍醐天皇が逃げるとき、まず笠置《かさぎ》に逃げるでしょう。それから吉野へ。これは文観の人脈のルートなのよ。

笠置には文観の兄弟弟子がいるし、後ろで糸を引いているのは文観ですよ。当時の寺社勢力をもっと見直すべきよ。彼らは革命的でもあり、反革命的でもあるのよ。

杉本　それから『上島文書《うえじま》』というのがあるでしょう。伊賀上野《いがうえの》の上島という旧家で発見された文書で、江戸の文化文政頃の写しだものだから、学界では問題にされないいんだけど、その文章を読むといかにも古様なの。江戸時代後期は偽系図とか偽文書が専門的につくられていたから、古様にだってできるとも言えるけど、『上島文書』を偽造するメリットはないので、私は原本になった文書はかなり古いんじゃないかと思う。

永井　なるほど。

杉本　その『上島文書』を踏まえると、観阿弥《かんあみ》、世阿弥《ぜあみ》、世阿弥の子元雅《もとまさ》、甥の音阿弥《おんあみ》につづく系譜のなかで納得できない種々の謎が、すうっと解けるの。それで私は『華の碑文』で世阿弥の生涯を書いたとき、この『上島文書』を全面的に使った。

永井　世阿弥の一族は楠木一族と血の繋がりがある、という文書よね。

杉本　そう。観阿弥は伊賀の服部氏の出だったというの。服部氏は伊賀の有力御家人で、そこへ河内の玉櫛《たまくし》荘の橘正遠《まさとお》の娘が嫁いできた。それが観阿弥の母だったというのよ。橘正遠は楠木正遠、正成のお父さんでしょ。玉櫛はいまの大阪府河内市の玉串《たまくし》であり、正成はそこの出身かもしれないと言われているのね。

このことを踏まえると、南朝の動きに北朝が神経過敏でいたころ、三代足利将軍義満《よしみつ》の寵童であった世阿弥について、北朝の武将たちが何を考えていたかがよくわかる。いろいろな疑問がむりなく解けてくるのよ。

永井　なるほど。

杉本　たとえば観阿弥の死ね。それこそ唐突なの。世阿弥が書いたものを読むと、駿河《するが》に下っていて、その前日浅間《せんげん》神社で法楽《ほうらく》の能を舞ってうっとりするほどの舞いぶりだと書いてあって、その翌日パッと死んでいる。まだ四十代、壮年期よ。駿河は今川の領地。このとき隠居していた今川心省入道（範国）はコチコチの北朝派で、大の南朝嫌いなのよ。

永井　そうだわね、今川だから。

杉本　ところが『常楽記《じょうらくき》』という死んだ人の名と歿年月日を書き連ねた史料にあたると、今川心省入道の死んだ日と観阿弥の死んだ日が同じなの。

永井　あら、おかしいわね。

杉本　偶然の一致で片づけるには、ドラマチックすぎるじゃない？　それで私、楠木の血を濃く受けついだ危険な親子を、なぜ三代将軍があれほど寵愛するのかと、日頃苦々しく思っていたところへ、無防備に観阿弥一座が領内に入ってきた。そこで入道が観阿弥を殺害、しかし入道も観阿弥の仲間に殺されてしまったというフィクションを組みたてたの。伊賀という国は後に忍者の里といわれる土地柄だし、観阿弥は興福寺に隷属している猿楽師で、つまりはジプシーよね。漂泊の旅芸人集団だからスパイ視されてもいた面がある。

永井　本当のスパイもいたからね。

杉本　そういう連中を側近くに置いておくということで危惧を感じていたし、それが自分の領内に来たということで警戒もしていた。
今川心省入道と観阿弥の、同一日時での落命、それから、晩年の世阿弥の不遇、佐渡配流とか、元雅の死ね。元雅は南朝系の越智氏の娘を嫁にしているし、この越智氏や同じく南朝系の北畠氏にかくまわれたりもしている。そういうことを考えると、どうしても楠木氏との関係を重視せざるを得ない。

永井　私は楠木はやっぱり金剛寺とか河内の土着の土豪で、文観という演出家に結局踊らされたと見たいの。『太平記』には文観はわずかしか出てこないけど、その代わりとして、河内勢力の代表として登場するのが楠木正成じゃないかしら。
　たとえば名和《なわ》長年《ながとし》は伯耆《ほうき》の大山寺《だいせんじ》に属している。後醍醐が隠岐を逃げ出すときもそうだけど、大山寺とか鰐淵寺《がくえんじ》といった寺社勢力が動いているんだけど、『太平記』はそれを名和長年に代表させているのじゃないか。

歴史を転換させたのは……

杉本　私は、そういった各所に分散している寺社勢力や、それに隷属している各地の土着武将たちを糾合して回って組織化した、大塔宮護良親王《だいとうのみやもりなが》の活躍が非常にきいていたと思うのよ。

永井　護良の中にも進歩的な部分と保守的な部分が同居しているわね。後醍醐天皇の「王朝よ、もう一度」と共鳴するところもあるのよ。

杉本　そうなのよね。その意味では父親の分身。

永井　護良は武士の棟梁たることを示す征夷大将軍になりたくてたまらないけど、後醍醐は征夷大将軍を認めないというウルトラ保守で許そうとしない。その点を見ると護良の方が多少進歩的と言えるけど、いずれにしても彼らの意識では「夢よもう一度」という保守的な考え方が強い。

ところが、それをうまく上に戴いて、時代を前進させる改革運動をしているのが、神人《じにん》とか供御人《くごにん》とか、あるいは御家人に入れない人……。

杉本　非御家人層。

永井　御家人というのは全国あわせてもいまの代議士くらいの数しかいないんじゃない

か。それより以下の武士の動きを北条氏はつかめない。ところが後醍醐は自身はウルトラ保守なんだけど、彼の方にこの層がくっついているという妙なことになっているんだけど……。

杉本 それは珍しいことではないわよ。明治維新だってそうでしょう。

永井 そう。近代革命であるはずなのに、王政復古の形をとって、「天皇家よ、もう一度」ということになった。そのことによって明治維新は成功しているでしょう。だから、日本の体質の特徴がここによくでているわね。

杉本 本当ね。ただ、そこに非常な危険性もあると思う。大東亜戦争という未曽有の戦争に突っ走るきっかけになった若手将校たちの昭和維新の発想も同じものだったでしょう。

永井 そうね。それで、あのときの変革の主流は誰かというと足利氏よ。足利氏は北条氏の後を狙うけれど、質的には全く違う形になって、最も新しい武士層をつかむ。いくら進歩的であっても、土地から離れた連中にはまだリーダーシップをとれるはずがなかったのよ。だから武士層の中で比較的進歩的な尊氏《たかうじ》が足利時代というものをつくることができたのではないかしら。

杉本 尊氏って非常に柔軟でしょう。流れをつかむのがすごくうまい。本当の政治家ね。

永井 文観というのは恐ろしい力を持っているでしょう。尊氏はそこで醍醐寺の分断をはかる。文観派じゃない、三宝院《さんぼういん》という塔頭《たっちゅう》を持っている賢俊《けんしゅん》と手を握る。この賢俊は北朝の天皇とツーカーで、尊氏が後醍醐と対立して後醍醐に賊軍とされると、賢俊を動かして後醍醐によって退任させられた北朝の光厳《こうごん》上皇と結び宣旨をもらわせる。それを手にした尊氏が「俺たちこそ本当の官軍だ」と言うと、皆が尊氏側についてしまう。

杉本　でも、本当に官軍と言っていいのよ。大覚寺統《だいかくじとう》（亀山・後宇多の皇統）と持明院統《じみょういんとう》（後深草天皇の皇統）が交互に皇位を継ぐという両統迭立《てつりつ》の協定からすれば、後醍醐の主張こそがいかに横車か。

永井　それはその通りね。

杉本　吉川英治先生が『私本太平記』をお書きになっているとき、癌が急速に進行して、後半、本当に先生は苦しくなられたの。ちょうどその前に私、『足利尊氏』という三千枚ぐらいの習作を書いていたのでね、「君が尊氏を書いたのに、僕が『太平記』を書いちゃ悪いね」とおっしゃったから、「そんなことはありません。私のは習作ですから」と申し上げたの。そうしたら先生は「僕は自分で読んでもゴチャゴチャしていてよくわからないから、どうして迭立になったのか、話してくれ」とおっしゃるのよ。それで私、「御前講義ですね」と笑ったんだけど、（笑）「そもそも後嵯峨《ごさが》という天皇がおりまして……」なんて始めたわけ。だけど、口で喋っても、ゴチャゴチャしちゃう。そこで、判りやすく書いてごらんに入れたのね。

今日、あなたと会うということで、昔のものを少し読んでおこうと掻き回していたら、私が書いて先生にお見せした「南北両朝の迭立」という原稿、先生が赤線を引いたりなさったのが出てきたのよ。

永井　あら！

杉本　実は私、そのとき先生に猛烈に期待したのよ。先生のような影響力の大きい作家に、南北両朝がなぜ迭立することになったか、その場合、後醍醐はどう位置づけられるか、それを書いていただけば、後醍醐朝というのが……。

永井　そこが問題なんだから。

杉本　どういう朝廷であったか、後醍醐とはどういう人物であったか、それをかつぎだした史観とはどういうものであったか、広汎な読者に真実がわかってもらえると思って熱弁をふるったわけ。ところが、新聞で見たら、先生、そこのとこ、一日で片づけてしまわれた。

永井　ハッハッハ。

杉本　せいぜい「尊氏は逆賊と言っては気の毒です」程度のことになっちゃった。根本的な意味で、尊氏は逆賊なんかじゃない。北朝こそが正統であり、後醍醐の要求の方が全く欲張っているんだと、先生の筆で書かれたら、だいぶ影響力が違ったと思う。われわれが何を言っても、駄目よ。(笑)

永井　だけど『太平記』もよく読めば、必ずしも南朝偏重じゃないわよ。

杉本　そうね、『太平記』は後醍醐をずいぶん批判しているわね。

永井　あの人駄目だと言っている。それに鎌倉幕府落日の描写だって、あんな名文で書いているんだから、決して南朝偏重じゃない。

杉本　それは言える。

永井　一種の倫理史観で、滅びるのは上に立つ者が駄目だからなんだというわけね。北条高時はだらしがないから滅びた。後醍醐もそうだ。人徳がない。だから楠木正成がいくら頑張ってもどうにもならない、ということで、楠木正成に対して同情は持っていますけど、後醍醐には全く同情してないもの。長過ぎてみんな最初の何章かしか読んでないんだ。最後まで読めば、決して南朝偏重ではないことがはっきりわかる。

杉本　面白いのは、笠置の攻防でしょう。それから児島高徳《たかのり》が隠岐に流される後醍醐の宿所へ忍び込んで、桜の幹に、「天、勾践《こうせん》を空《むな》しうすること莫《なか》れ、時に范蠡《はんれい》、無《な》きにしも非《あら》ず」と刻みこんだ、なんて話があまりに有名になってしまって、それで南朝派かということになっちゃう。

永井　それから、あんまりにもいろいろなことを必要もなく書きすぎているの。

杉本　そう。だから、そのときそのときの政権が自分の体制保持に必要な部分だけ抜き出して、『太平記』を利用するのよ。その意味では危険な古典よね。

永井　明治維新、王政復古は後醍醐天皇をもってくればわかりやすいから、楠木正成が大忠臣ということになって、銅像ができたり、紙幣になったりする。結局、歴史というものは、後の人がどう評価するかによって、右左に揺れるのね。

杉本　どう読むか、が重大なのよね。

永井　だけどやっぱり、後醍醐はシャッポみたいなもので、本当は足利氏と北条氏の戦いであって、本質的には武家の時代が続く。それで北条氏が滅んでいくときのすさまじさが生ずると思う。平家とは違う。平家はもう俺の時代は終わったと諦めて死んじゃう。

杉本　生殺し。死んでも死にきれないという、北条氏の最期ね。

永井　それをもう少し新しく体質を変えたのが足利幕府だけど、その足利も押さえきれないほどその下の勢力が大きくなって、それが足利政権を非常に不安定な形にする。そこに南朝とか北朝の生き残りがいるから、いかにも南朝あるいは北朝の天皇に忠義を尽くすためにやっているようだけど……。

杉本　まったくそうじゃない。そのときどきの打算やご都合で南朝をかついでみたり、北朝をかついでみたり……。

永井　楠木氏だってそうなんだもの。正成の三男正儀《まさのり》なんて一度は北朝に降参しているの。また南朝に帰ってきたけど。

杉本　彼にとっては、南北朝が和解してくれることがいちばん算盤《そろばん》勘定に合うのよ。それで北朝に寝返った。ある意味で正儀は賢明よ。楠木一族の中では、もっとも苦労した人だけど……。

永井　南朝が出て来て金剛寺の所領に入って年貢を召し上げたので、楠木正儀は金剛寺側に立って文句いっているの。それで北朝に走るのよ。南朝絶対だったら「どうぞ、どうぞ」と言うところでしょう。

杉本　本当に下で支える階層は、実利ね。それはそうよね。イデオロギーで動く時代じゃないもの。

戦国人の魅力

戦国武将もう一つの美学

永井　戦国武将の美学といえば、敗戦のときの決然たる死とか、それに殉じた家臣の物語があるけど、今忘れられているもう一つの美学があると思うの。それは男どうしの友情、といってしまえばきれいごとになるけど、男どうしの同性愛。今の言葉でいえばホモだけど、これが女性に対しての愛情と同等に賛美されているわね。
これが猛烈なの。大っぴらでね。たいてい年上の男が少年を寵童としてかわいがるの。織田信長と森蘭丸《らんまる》もあるし、お坊さんの場合少年は喝食《かっしき》よ。それこそすばらしい衣裳をつけたスターでね。お坊さんはその髪を撫でたり舐《な》めたり……。
武田信玄が寵童春日源助（高坂昌信《こうさかまさのぶ》）に宛てて出したラブレターが残っているけど、すごいものよ。

杉本　それから上杉謙信と直江《なおえ》山城守兼続《かねつぐ》。謙信は独身を標榜していて、半僧半俗、子供もいない。

永井　彼ら本人は不健康だとは思っていないのよ。

杉本　そう、全然思っていない。

永井　衆道も女の道も文武両道みたいに両立すると考えている。時代が下って江戸期の上田秋成《うえだあきなり》の短篇だけど、『菊花の約《ちぎり》』（「雨月物語」巻之一）では、義兄弟の契を結んだ友と約束した重陽《ちょうよう》の日に帰れなくなった赤穴《あかな》という武士が、「魂よく一日に千里をも行く」とて自刃して魂となって帰る。一方、これを知った義弟の儒者左門は赤穴の国許に出向き仇を討つといったように、むしろ男同士の愛情こそ美しい愛の世界だと描かれている。それがヨーロッパと違うところね。

杉本　『青頭巾』（「雨月物語」巻之五）では坊さんがかわいさあまって稚児さんを食べてしまうじゃないの。

永井　平安朝の昔からあって、珍しいことではないのよ。公家の日記にも出てくるし。時代が下って『徒然草』の仁和寺の僧と稚児の話があるでしょ。むしろ男性どうしの愛情こそ美の極致として語り伝えられるの。

杉本　そもそも、女犯こそ罪になる。

永井　そうなのね。

杉本　女は罪深く、煩悩の根源なのよ。仏説によれば――本当は違うんだけど――、女体に迷うことの方が罪が深い。むしろ同性愛の方が罪は浅いと。

それに、男はそういう関係に陥ると、主人を守って御馬前で楯となって討死する。女は愚痴、煩悩、嫉妬で男の足を引っぱるだけの存在だけど、男同士なら一命をかけた爽やかな関係が結ばれる。美的センスからもホモが肯定されていた。

永井　そうなのね。私も『青苔記』で筒井順慶と寵童のことを書いているの。順慶は子がないし、寵童たちは順慶が死んだとき殉死してるわ。こういうことどこまで続くのかな。

杉本　明治まで続く。

永井　案外現代までかも。念友《ねんゆう》と衆道とかいう言葉で続くし、西鶴《さいかく》もずいぶん書いているわね。

杉本　夏目漱石の『坊っちゃん』に、坊っちゃんが赤シャツを罵って「彼方《あいつ》のおやじは湯島のかげまかも知れない」と言ったのを受けて、山嵐が「湯島のかげまた何だ」と訊《き》くと、「何でも男らしくないもんだろう」と坊っちゃんが答えるんだけど、湯島天神の界隈は昔は陰間《かげま》茶屋が並んでいたのよ。寛永寺の坊主などはみんなそこへ陰間買いに行くんだけど、さすがに法衣で行くことははばかられるので、入口にちゃんと貸衣装屋があった。（笑）

永井　繁盛するわけね。

杉本　もう大繁盛。（笑）そこで法衣を着替えて、帰りはまたちゃんと法衣になって帰って来る。宗匠頭巾《そうしょうずきん》をかぶったり、十徳《じっとく》を着れば、坊主頭でも俳句の師匠や絵描きに見える。

永井　男でも惚《ほ》れる男というのが、戦国時代の一つの理想像としてあったろうと思う。その点はどう思う。

杉本　直江兼続なんて、いま現われたらスターだと思うね。ただのヤニっこい寵童なんてものじゃない。会津百二十万石、上杉景勝の重臣として、石田三成と組んで家康をはさみ打ちしようとして失敗すると、すぐ本多正信の息子を養子にしたり、とにかく頭が切れる、顔立ちはいい。きっと男が惚れる男だったと思うわ。彼がつくった百姓のための仕置き文。百姓は饅頭《まんじゆう》を幾つしか食べちゃいけないとか、女はメンスのときだけ働くのを止めてよいとか、微に入り細を穿《うが》って百姓を規制する法令を出しているでしょう。それを見ると、美男子のくせに冷酷で、切れ者で、主君のためには百姓なんて虫けらと見ていた凄いやつのイメージが泛《う》かんでくる。「主君の領地は経済の根源だから、私が責任もって管理いたします」というような、いかにも優秀な官僚という感じが彷彿とするじゃない。

永井　ほんと、いま幹事長になったらすごいわね。

時代の先端をいくハイカラ

永井　上杉謙信って、ストイックなイメージがあるでしょう。ところが、私、米沢にある上杉神社に詣でたことがあるんだけど、そこの神宝になっている謙信が着た着物が展覧会に出たことがあるの。上が薄いブルーで下があざやかなサーモンピンクの着物なの。戦国武将というと、一般に何かドブネズミの親方のようなイメージがあるけど……。

杉本　いいえ、なかなかセンスいいわよ。彼ら、未開の野蛮人では、決してないもの……。

永井　そうね。意外と素敵だった。

杉本　そうなのよ。安土桃山時代になってからだけど、今でも残っている狂言の装束を見ても、大胆で、そして斬新ね。今の装飾デザイナーですら、びっくりするようなモダンな衣装を着ているんですもの、ドブネズミなんかじゃないわよ。

永井　家康にしても、女が着るような柄の、〝家康好み〟の衣装が残っているでしょう。あの狸《たぬき》おじさまでは似合わないと思うんだけど。（笑）

杉本　鎧兜《よろいかぶと》など武具は、源平時代の一騎打ちじゃなくなって、鉄砲にも対処しなければいけないので金属が多くなって黒ずくめで地味になったでしょう。そのために戦国というと、何となく暗い感じを受けるけど、私生活は小袖なんかを見てもわかるように、案外派手やかだった。

永井　信長なんか、若い頃は、渋谷・原宿・青山界隈にたむろする若者も顔負けの「かぶき者」で、その後も南蛮好みのハイカラさん。

杉本　南蛮風の襟なんかつけちゃってね。
永井　南蛮更紗とか、ビロードのマントとか。
杉本　鍔広《つばひろ》シャッポとか。
永井　そのあたりの日本人の美意識は実にあざやかでいいと思う。そういう勇ましい男の連中が先頭を切ってニュー・ファッションをとりいれていたという、戦国時代の美意識は大きく取り上げていいと思う。

戦国武将に学ぶには

杉本　近ごろ実業界経済界向きの雑誌などでよく見られる「家康に学ぶ」だの、「信長、秀吉に学べ」だのという風潮、ちょっとおかしくない？　現代の経営者に彼らの統率力とか部下操縦法を見習えと言うのだけど、たとえばいま、東京駅前に小指が一本落ちていただけでも大騒動よね。パトカーがとんでくる。ところが、戦国武将は人間の首を掻《か》き斬《き》るのよ。
永井　うん。
杉本　刃物で人間の首級《しるし》を掻き斬って、血まみれ泥まみれの首を幾つも馬の鞍にくくりつけて走る男たちよ。今のサラリーマンや会社経営者とはまったく意識の在り方が違うし、社会構造や哲学も違うと思うの。簡単に「学べ」と言っても、比較のしようがない部分のほうが、ずっと多いのではないか。

たとえばね、一週間でも電気なしで生活してみると現代人、どうなるかしらね。心理的におかしくなる。パニック状態になるわよ。ところが昔は一週間どころか、三年、五年、十年、百年、千年と電気なしの生活が続いてきていた。夜は皓々《こうこう》と輝く電灯の下の生活が当り前、そのほか家電製品からあらゆる機械類、交通機関まで電力で動いてそれが当り前の感覚でいる現代人と、夜というのはやたら暗くて、月夜でなければ外出もできない、という生活を千年も続けてきている人間のものの考え方を安直《あんちょく》に比較するのは、ちょっと冒険だと、私は思うのよね。

たとえば「武士は扶持《ふち》を貰うからサラリーマン」と表面的に見ればいえるけど、先祖の勲功で主家との結びつきが生まれ、家来の家も主君の側も代々一つ家族の感覚で与えもし頂きもして、現在まで妻子を養い、子や孫もまた養ってゆくであろう「お扶持」なるものと、今年、大学を出て就職し、いつ転職するかもしれない会社から貰う月給とは、根本的に違うのよねえ。

永井　確かに違う面があると思う。だけど、今の日本人でも半分以上は人殺しの経験があるのよ。命じられれば人殺しでもするのが人間よ。

杉本　そりゃあ、会社を潰すのも人殺しにつながるけど……。

永井　そうじゃなくて、戦争に行って、実際に人を殺しているわけじゃない。でも戦争というのは一種の極限状態でしょう。

杉本　戦国時代はその極限状態が常に続いていたということじゃない？

永井　だから、いわば「極限状態を常態としている人間」と「極限状態に追いつめられなければ人を殺せない時代の人間」との安直な比較はできないと思う。

杉本　それはそうだと思うけど、ある意味ではわれわれの社会でも人殺しをしているわけでしょう。飢えた人もいるし、病に倒れている人もいるけど、それを冷酷に切っているのが現代社会でね。

永井　直截《ちょくせつ》的でないだけ、現代の方が冷酷ともいえるけど、その「冷酷」あるいは「残酷」の定義や解釈じたい、戦国と現代では、質的に違うのではないかしら……。

杉本　種々の条件の違いを無視して直接過去を現代に置き替えるというのは、たしかに問題があると思うけれど、歴史を身近に理解するという意味では、それは一つのステップだと思う。たとえば会社で勤務評定をするのと同じことを、実は鎌倉時代にもやっていた。恩賞というのはただ個人的判断だけで「お前はよくやった」と摑み金をくれるわけではない。いちいち報告書があって、たとえば「一傷幾ら」なのよ。それで、その傷は確かに敵と戦ってついたものかどうか、第三者のきちんとした証言を加えて上申しなければいけない。つまり鎌倉時代でも勤務評定には客観性が必要だった。

あるいは、平安朝でも、たとえば何かの役職がほしいと思えば、社長や専務の前で踊りを踊ってみたって駄目なのであって、「私はこれだけのことをいたしました。だから部長になってもおかしくないと思います」とはっきりした自己評価の上申書を提出しなければいけない。こんなことはむしろ、現代でも真似した方がいいと思う。

要するに、現代と同じように、きちんとした組織社会であったということを分かってもらうためには、現代と結びつけた方がわかりやすいのね。つまり、歴史を単純に現代に利用するんじゃなくて、現代を考えることによって歴史の見方を深めるの。現代を歴史に利用するのよ。

杉本　そうね。あらかじめ一つの枠を決めておいて、強引に論旨をそこへ引っぱってゆこう、無理にでも現代にあてはめて、戦国武将の国盗り天下取りを会社経営に結びつけようというのは考えものだけど、しっかり相違を認識した上で、学べるものがあれば学ぼうというのなら、歴史は一つの参考書よね。でも、たとえば、これはよく私、例に出す話なんだけど、現代の社長が社員を社長室に呼んで「ここに青酸カリがある。理由は言わないし君も聞かずに、これを飲め」と命じて「ハイ」と飲む？　社長のほうが精神異常者扱いされるわよね。ところが昔は殿さまが「次の間《ま》にさがって腹を切れ」といえば「ハッ」と答えてすっと切る。理由など一言も言わないし、聞くこともしない。殿さまも精神異常どころか、「それほどまで家臣を心服させ、『命一つ、なにものぞ』と思うくらい家臣の信頼をかちえている名君」ということになるのね。つまり現代の社長と社員とはまったく違う土壌で培養された上下関係でしょ。近世ですらそうですもの、まして戦国時代までさかのぼったら、「東は東、西は西」といってよいほど乖離《かいり》した部分があるはずだから、その点をよく踏まえた上で、なおかつ、学べるものは学ぶ、ということじゃないかな。『葉隠《はがくれ》』なんかにも、その意味でなかなか面白い言葉があるわよ。「名利薄き士は、多分エセ者になりて人を罵り、高慢にして益《やく》に立たず。名利深き者には劣るなり」というのね。これなんか清廉潔白優等生的サラリーマンだの、それをよしとする人事担当重役なんか参考にしていいんじゃない？「主人にも家老年寄にも、チト隔心に思はれねば大業は成らず。何気《なにげ》もなく腰に付けられては、働かれぬものなり」というのも面白いでしょう。私用雑用など仰せつかって、便利に使われるだけの腰巾着では出世しないというのよね。

永井　一種の抵抗感がなきゃいけないわけだ。

杉本　抵抗感を重役に感じさせるひと癖ある社員が、注目されるってこと。こんなところは、昔も今も同じね。

時代が求める英雄

永井　ところで、信長、家康、秀吉、どの男性がお好きでいらっしゃいますか。どなたと結婚なさりたいでしょうか。

杉本　いやだあ、みんな願いさげだわ。（笑）

永井　ゾッとしないわね、本当に。

杉本　だけど、いみじくも時代が求めた人物が出るべくして出てきたといえるわね。旧態の否定が求められた時期には、ひっくり返し人間の、「鳴かぬなら殺してしまえ時鳥《ほととぎす》」という男。収拾期にさしかかったときには「鳴かしてみしょう」が出、いよいよ完成期、ある程度、保守に逆もどりの必要ありという時期になると「鳴くまで待とう」が出てくるというのは、まるで時代の意思のようね。

永井　ほんと。

杉本　彼らは同世代といってもよい人間なんだから、やっぱり時代という波のうねりに応じて、それぞれの特質を現わしたということでしょうね。

永井　そうなのね。家康がトップを切ったってうまくいかないと思う。あんなに考え込んでいたらね。

杉本　桶狭間《おけはざま》合戦みたいな一六《いちろく》勝負に打って出るなんて決断はできないわよ。でも家康もあの時は、彼にしては一世一代といってよいほど機敏な行動に出たじゃない？　最前線にいて、今川義元《いまがわよしもと》が討たれたと知ったとたん、急遽《きゅうきょ》三河へ逃げ帰って独立してしまった。でもあれは背後からガッと押されたから飛び出したようなもので、いわばトコロテン式決断。（笑）

永井　そうね。

杉本　信長のように「死のうは一定《いちじょう》」なんてひとさし舞って敵の本陣を一気に突くような速攻は、家康ではちょっと無理。

永井　家康は三方ヶ原《みかたがはら》で武田信玄にさんざんにやられちゃう。

杉本　あの、三方ヶ原合戦という生涯最初の大合戦に負けたことで、慎重居士がいっそう慎重になっちゃった。三番バッターであっても、ともかく家康が登場できたのは、彼の努力にもよるけど、基本的には時代が変わったからよ。

若き日の信長

永井　だけど私、信長はちょっと誤解されているところがあると思う。信長が、勝算はないけど一《いち》か八《ばち》かやってみたというのは、桶狭間の戦いしかやってない。

杉本　桶狭間だって、積極的に斬り込んだように見えるけど、彼の心情からすると受身ね。

永井　待っていれば殺されるから、自分の方が地理に明るいのを利用して、間道を行って奇襲してみたら、うまくいったという話であって……。

杉本　賽を振る直前、「ひとたび生を得て、滅せぬもののあるべきか」なんて謡ったのも半分はヤケよ。

永井　織田家なんて、本当に小さな大名でしょう。

杉本　もともとは尾張の守護斯波《しば》氏の執事。それがまた二家に分かれた一方の、清洲《きよす》の織田の三奉行の一人という系譜だから。

永井　名古屋のごく一部、いまの千種区から中区あたりを支配していただけでしょう。父親の信秀がそれほどの歳でもないのに死んじゃったとき、信長はまだ青年で支城の那古屋《ごや》城を預っているにすぎない。父親が住んでいた末森《すえもり》城には弟の信行がいて、これが優等生。

杉本　いい子ぶりっ子。

永井　お母さんにかわいがられて、臣下の受けも非常にいい。父親がわりの傅役《もりやく》の平手政秀の息子まで信行贔屓《びいき》だった。それが末森城の本拠にいるわけだから、自然跡継ぎみたいな形になって、支店を預った信長は出向を命じられたまま帰ることができなくなっている。だから、信長が信秀の葬式のときに、奇矯な振舞いをしたというけど、これにはワケがあるのよ。

杉本　抹香《まっこう》をつかんで仏前へ投げつけたというのは織田信秀の葬式の時だったかな。

永井　太刀・脇差《わきざし》を縄で巻いて、髪は茶筅髷《ちゃせんまげ》、袴もはかず、というけど……。

杉本　あれ、何に書いてあったんだっけ。

永井　『信長公記《しんちょうこうき》』よ。

杉本　『信長公記』じゃ全面的には信用置けないな。

永井　なぜ信長がそんなことをしたかというと、喪主であって然《しか》るべき長男の自分をさしおいて弟の信行が喪主であるかのように……。

杉本　素襖《すおう》長袴。言ってみればダークスーツを着て、名刺受けを並べ、香典を受け取って。（笑）

永井　ところが長男の信長には葬儀の通知もしていない。だからもう怒り狂って、あんな恰好で乗りこんだ。

杉本　無理ないか。彼とすれば……。

永井　奇を衒《てら》ったとか、信長は天才だから変わったことをやったという人が多いけど、これもやっぱり根はヤケのヤンパチよね。

杉本　それにツッパリがある。弱味を見せまいという。

パリ。

永井　正室の濃姫《のうひめ》の父である美濃の斎藤道三《どうさん》との対面のときも、道三が待っているといつもの通りのうつけ者スタイルでやってきた。ところが会見場所の正徳寺《しょうとくじ》（尾張中島郡富田）では、髪を結い直し、正装で威儀を正して出てきた。同席したものは皆「あいつは大した奴じゃありません」と言ったのに対して道三が、「いや、そうじゃない。俺の息子どもはあれの家に馬を繋ぐことになるだろう」と言ったという、これも信長のツッパリ。

杉本　それと、せいいっぱいの演出。

永井　弟をはじめみんなが信長を狙っているから、ナッパ服の現場指揮者よろしく、家来に槍をかつがせて、戦闘態勢で「かかって来い、いつでもかかって来い。俺が相手になるぞ」と勢力を誇示しながら、やっと弟に対抗している。そこへ道三が会いたいと言ってくる。妻の実家の力を借りるわけね。相手は大企業、こちらは中小企業。しかし、恰好をつけて行くと周囲に狙われるから、戦闘態勢のまま出かける。道三にしてみれば汚い恰好で出てくるだろうと思っているところにシャキッとして来たから、「あ、なるほど」というわけ。だからこれは苦肉の策。そういうことができるのが信長の偉いところだけれど、決して相手をびっくりさせようとか、余裕があってやっているわけではない。

杉本　骨肉抗争、内部分裂の危険さえはらんでいた弱小武族の嫡男だものね。いつもギリギリ歯をくいしばりながら、どうやったら危機状態を切り抜けられるかと、四方八方にレーダーを張りめぐらして、若き日の信長は生きていたのよ。

永井　斎藤道三の援助を受けることに対しても内部にものすごい反対がある。相手は蝮《まむし》の道三だから、援助を受けたらどうなるか分からない。

杉本　呑まれちゃう恐れがある。

永井　私は平手政秀の割腹《かっぷく》の原因はそれだと思うの。政秀は絶対援助を受けてはいけないというわけよ。道三に援助を頼むくらいなら弟信行さまに頭を下げなさいと。それで信長と意見が対立して、諫言《かんげん》の意味も含めて腹を切った。うつけた恰好をして走り回っているから腹を切ったなんて言うけど、そんなことで腹を切っていたら、幾つ腹があっても間に合わない。

杉本　濃姫《のうひめ》についてはどう思う？

永井　彼女はなかなか切れる女性だったんじゃない。濃姫がいたから道三も信長を援助する気になったわけだから、道三がもう少し長く生きていたら、濃姫は親の方に付いたかもしれない。

杉本　信長が毎夜庭に出るので、濃姫が「何を見ているんですか」と聞いたら、「斎藤家の家老を味方に引き込んだので、いつ火の手が上るかを見ているのだ」と答えた。濃姫が道三にそれを内通し、道三が怒って、自分の左右の腕と頼んでいた家老を自ら誅《ちゅう》してしまった。しかしこれは信長のトリックで、濃姫も道三もが騙されたのだという逸話は、本当かしら。

永井　私はつくり話だと思う。

杉本　できすぎているわね。

永井　そう、できすぎている。私がどうして平手政秀の死と斎藤道三の援助とが関係あると思ったかと言うと、『お市の方』を書いたとき年表をつくったら、政秀が死ぬのが天文二十二（一五五三）年の閏一月で信長と道三が会見するのはその直後の四月。信長は反対を斥けて道三の援助を得て、主筋にあたる清洲織田家とか弟信行をやっつけている。

信長としては、道三がいる間は手も出なかったというのが実態じゃない？　また道三も信長を買っていたから、道三が息子の義竜《よしたつ》に殺されたとき、信長は敵討ちをする恰好を見せるけど、うまくいかない。

杉本　美濃を落とすのは、道三が死んだ後で、それでもずいぶん攻めあぐんだ。

永井　十年かかっているわね。それに相手は道三じゃなくて、道三をやっつけた義竜やその子の竜興《たつおき》だから、信長が道三を陥れようとしたという話は信用できないわよ。

杉本　むしろ舅も婿もおたがいをうまく利用しようとしてたのよね。ただ、義竜の子竜興の時代に三人衆と言われた老臣稲葉《いなば》通朝《みちとも》、氏家卜全《うじいえぼくぜん》、安藤伊賀守が信長と内通して竜興に叛旗を翻し岐阜から追い出した話は本当だし、ずいぶん陰に回っての画策はしたと思う。美濃をいずれは併呑《へいどん》したいという気持は絶対に信長にはあったと思うわ。

永井 そうね。ただ道三の生きている間は、美濃は大国で、手も足も出ない感じがあるから、おとなしかった。

信長の偉大さ

杉本 信長は、家康接待の折、魚が腐っていると怒って、責任者の明智光秀を蹴倒したうえ解任してしまったとか、二条城の工事現場を巡察していたとき、ふざけてかぶりものの下から女の顔を覗こうとした部下を即座に手打ちにしたとか、すぐ激発する短気な男と見られているけど、私は、案外深謀遠慮の人だったと思う。ものすごく長期的な手を打つ人よ。

永井 私もそう思う。それに、わりと我慢する人よ。

杉本 十年、二十年先を読んで素人には無駄に見えるような手を打っている。その意味では頭がいいわね。

永井 信長の妹でお犬さんという娘がいるわね。尾張大野の佐治為興《さじためおき》に嫁いでいるの。以前そこへ小説のための取材に行ったことがあるんだけど、たった五万石の小さな大名よ。何でだろうと思ったら、佐治氏は水軍を持っているの。

杉本　そういうところが実に抜け目ないのよ。

永井　だから激情家でもなければ単細胞でもなくて、非常に綿密に考えてやっている。

杉本　怒ってすぐ家来を罰したとかいうけど、そうすることで一気に士気のたるみを引きしめるとか、人心を収攬《しゅうらん》するといった効果を計算して斬っている。単純な衝動ではない。

永井　荒木村重《あらきむらしげ》の謀叛に対しても、松井友閑《まついゆうかん》、万見重元《まんみしげもと》をやって説得し、それで駄目だと光秀や秀吉にまで慰留させているわ。私は信長に対しては認識を改めてほしいと思うわ。

杉本　高山右近《たかやまうこん》の場合は宣教師に説得させて、成功しているわね。

永井　そう。日本人は信長のつまらないところを褒めて、大事なことは評価しない傾向がある。

杉本　評価しないというより、信長という人物を全人間的スケールで把握していないのよ。たいていの人が……。

永井　比叡山の焼討ちで、社寺堂塔五百余棟を焼き尽くし、三千人の首を切ったというのはウソで発掘しても焼跡は発見されないそうだけれど、叡山を押えこんだことは、歴史的に見ると私は最も大事だったと思う。

杉本　そうよ、叡山の存在はあの時点では、もはや日本の癌《がん》だもの。切除しなきゃ本当の意味の「近代化」はできない。

永井　中世的な寺社勢に、一応ピリオドを打ったのよね。

杉本　歴史を読んでくると、寺社勢力がからまなかった政争はないと言っていいのよね。南都北嶺（興福寺と延暦寺）を頂点に、その他おびただしい寺社があって、ある意味では彼らが陰で政界のイニシアチブを取っていた時代さえあった。政治にせよ、経済・軍事にせよ、寺社との関わりを睨んでゆかないと日本の歴史は語れない。

永井　言ってみれば、寺社勢力って日本の別国と言ってもいいくらいよね。経済、軍事両方の力を握っているんだから。

杉本　それで、免税だものね。

永井　いま京都で拝観料何百円に対して税金を掛けるというので、お寺が反対して訴訟沙汰になっているでしょう。

杉本　でもあの僧兵の蜂起には、市役所はかなわないと思うよ。（笑）なにせ信長の焼討ち以後も、連綿と栄えているお寺ハンやさかいな。（笑）だけど、ともかく信長が、叡山という大骨をひっこ抜いたのが、近代の幕開けよ。

永井　鎌倉幕府だって寺社勢力には手がつけられなかったし、それが結局、南北朝の動乱の主軸になっているでしょう。足利尊氏にしたって、新しく安国寺という禅寺を建立して叡山に対抗させた程度で、どうにもならないのよ。

杉本　信長も完全に叩き潰して叡山延暦寺を消滅させたわけではないが、否定不可能とすべての日本人が思い込んでいたその「思い込み」の誤りを、一撃のもとに破砕してみせた意義は大きい。平重衡も興福寺を焼き払ったけれど、彼の時代はまだ、そんな暴挙は大それた仏敵の行為で、彼自身、震えあがっちゃった。

杉本　そう、そう。

永井　毛頭、焼く気じゃなかったのに燃えてしまった。いわばアクシデントだから、初めから叩き潰す気でかかった信長とはちがうけど、当時の日本人の精神に与えた影響でいえば、やはり平氏の南都焼討ちも、旧仏教が中世に移行する上での象徴的な大事件よ。

杉本　大仏様も焼けたということで……。

永井　「仏法が滅びたら王法も滅びる」と車の両輪にまで譬《たと》えたその一方が、潰滅してしまったんだからね。あわてて再建はしたけれど、ショック療法として非常に大きな意味を持った。

杉本　新仏教が輩出する基礎ができたんだわね。

永井　あれをやらなければ、鎌倉仏教の真の開花は望めなかった。同じように、信長の叡山焼討ちも一世を劃した大事件だった。残存寺社勢力というのは中世の亡霊だからね。その象徴といっていい叡山を叩き潰し、白日のもとに正体をひきずり出して見せたことで、当時の日本人ははっきり中世との訣別を感得できた。

杉本　そうね。そこへキリスト教が入ってくる。

杉本　キリスト教の渡来と叡山の焼討ち、それと一向一揆の弾圧。石山本願寺との闘い。

永井　ふつう戦国というと大名同士の潰し合いだけを見がちだけど、一向宗（浄土真宗）の問題の方がむしろ重大よ。

杉本　戦国時代は、宗教戦争の時代でもあった。

永井　日本人自体はキリスト教を「ダイウス教」なんて呼んで仏教の一派だと思っていたらしい。それくらいの認識だったのね。

杉本　信長が都でルイス・フロイスたちと会ったとき、ガラスのフラスコに入ったコンペイ糖を持ってくるでしょう。

永井　それがちょっと欠けているんだ。（笑）

杉本　私、信長がガラスのフラスコに手をつっこんでコンペイ糖出して食べたかと思ったら、おかしくておかしくて……。欲ばって摑んで、手が抜けなくなったりして。（笑）

永井　それから時計をくれるの。これは役に立つし喜んだと思うでしょう。ところが「これはおもしろい、しかし壊れたあと役に立たないからこれは要らない」と言ったと、フロイスの記録にある。これはなかなか合理的な物の考え方だわね。

杉本　ともかく、あの叡山焼討ちで、仏教は変わった。さっきは功罪の、〝功〟の面ばかり強調したけど、あれ以来、心身の修行や教理の研鑽など、歩むべき本来の道があやふやになって、急速に僧侶たちは、堕落しはじめた。癌をやっつけるために命までを潰したわけ。これがあの焼討ちの〝罪〟の部分ね。

永井　そして家康が檀家制を徹底して必ず寺に所属せよとして以来、お寺は戸籍係になっちゃった。

杉本　精神の支柱としての仏教は認めない。人間の知性の開発につながるからね。政権安泰策としては、僧など葬式係と戸籍係でいいわけで、肥大化の恐れがある寺社勢力は、東・西本願寺の分裂に見られるように分断し、あるいは弾圧して力をそいだ。この時の徳川氏の政策の上にそのまま胡坐《あぐら》をかいて、葬式係に甘んじつづけているのが現代の仏教界よ。

老いてぼけた秀吉

永井　秀吉は三人の中で一番お嫁に行きたくない人ね。

杉本　そうね。ごめんこうむりたいね。非常に運がよかった人だと思うわ、私。秀吉って……。もし能力を買うとしたら、その運をじつに巧みに生かしたという点ね。機敏にチャンスの髪の毛をひっ摑む。目端《めはし》がきいた男ね。

永井　証券界では出世するタイプ。

杉本　そう、証券マン的。

永井　だけど晩年は、一種の老人性痴呆というか、みじめね。

杉本　私、『影の系譜』という小説で、木下弥右衛門の血統に原因があるんじゃないかと書いたんだけど。秀吉の母親は二度結婚したでしょう、弥右衛門が死ぬと、竹阿弥というやはり織田家の軽輩のところに再嫁した。この竹阿弥との間に生まれた子供たちはすべて、まともなのよ。

永井　晩年、あんなに子供に執着してね。自分はいかにも織田信長の息子を大事にしたようなこと言うけど、結局、並の大名に落として岐阜の城しか与えなかったんだから。いくら自分が天下の権力を握ったからといって、自分の死後子供がその後を継げるなんて考えられるはずもないのに、「返々《かえすがえす》秀より（頼）ことたのみ申候、五人のしゅ（五大老＝徳川家康・前田利家・毛利輝元・宇喜多秀家・上杉景勝）たのみ申べく候」なんて、遺書を残している。

杉本　問題は朝鮮出兵（文禄・慶長の役）よ。何ら進攻の名目もない遠征を、なぜしなければならなかったか。侵略された側の国土の荒廃や人民の悲惨を考えると、これはもう一老人の病理現象ではすまされない。

永井　歴史的な理解が全くないのよ。九州に攻め入るのと同じ感覚でしょう。

杉本　私は地理学の無知だと思う。南蛮の宣教師にもらった粗雑な地図を拡げて、ヨーロッパも中国大陸も手をのばせば席巻できるくらいに思ったのよ。（笑）

永井 なるほど。

杉本 扇面に張りつけた、地図というより絵図だわね。あんなのを見て錯覚を起こしたんじゃないかと思うくらいにアホらしい思い上った野心よね。

永井 半島を占領してどうしようということもはっきりしないし、本当に国際感覚とか歴史意識がなかった。

杉本 天皇を大陸につれていって、明国の王にするとか、少し誇大妄想なのよ。秀頼は秀吉の子じゃないという説があるけど、あのころはまだ五十代だし、秀吉も頭がしっかりしていた。それこそ信長の薪奉行のころは一本一本自分で燃してみて一ヵ月の使用量をはじき出したような男だからね。寵愛してた淀殿のところに男が忍び込むなんてことを見のがすほどまぬけじゃない。

永井 それに、秀吉が子種がないなんて嘘よね。

杉本 嘘よ、長浜時代に南のおん方って女が男の子を産んでいるもの。

永井 秀勝という名前で、小さくて死んでしまったものだから、その秀勝という名前を次々と甥たちにやる。

杉本 たとえば百歩譲って、秀頼が秀吉の種でなかったとする。でも、それでもいいのよ。太閤初め諸大名全員が公的に太閤の子であると認めたら、立派に豊臣家の後継ぎで通るのよ。個人であると同時に、秀頼の立場は公人だから、現代のマイホームで赤ん坊の父親を問題にするのとは次元が違うのよね。

永井　だけど淀君は教育ママすぎるわね。だから秀頼は八つぐらいでいい字書くわよ。

杉本　のびのびした字ね。

永井　なかなか教養もある。だけど過保護で育ったものだから、肥満児なのよ。一人で馬にまたがれないくらい……。

杉本　典型的な二代目だな。

永井　それに天下人の後継ぎになってもらおうというのは、淀君はちょっと子供を買いかぶりすぎている。

杉本　石田三成たちは豊臣政権の強化をはかって官僚支配体制に移行させようという構想を持ったでしょう。そうなれば頂点にひるがえす旗だからね。肥満児だろうが、甘ったれ坊ちゃんだろうが、資質など二の次。豊臣のシンボルとして無事に育ってさえくれればいいと考えていたんじゃない？

永井　そのためには、家康みたいに組織づくりをする必要があった。

杉本　だからやっぱり秀吉が悪い。「返々《かえすがえす》秀よりことたのみ申候」なんて、頼まれて「ハイ、かしこまりました」と引きうける馬鹿はいない。（笑）臨終にそんな遺言などしないですむように、早くから人材の養成、頭脳集団《シンクタンク》の結集、組織として動ける官僚体制づくりに着手すべきだった。そうすれば秀頼がいくらボーッとしてたって豊臣政権は機能しつづけたはずよ。

永井　失敗はしたけど、むしろ信長の方がそれぞれに部署を与えてやろうというところがあった。

杉本　能力主義的なところがあったわね。

光秀の限界

永井　ここで明智光秀に触れておいた方がいいわね。以前稲葉一鉄の配下で、光秀の家来になっていた斎藤利三《としみつ》というものを一鉄に返すようにという信長の命を聞き入れようとしないので、信長が大いに怒り、光秀の髻《もとどり》をつかんで突き倒したとか、信長の光秀いじめのエピソードがいろいろあるけど、明智光秀は、秀吉や柴田勝家よりも上で、信長のいわばナンバー・ツーよ。だから、時来たらばこれを殺して天下を狙うというのが、言わば戦国の習いであって……。

杉本　そう。それをしなかったら戦国人じゃない。

永井　決して信長に憎まれたから、その恨みでということではない。徳川時代が安定すると、主人絶対のイデオロギーができあがるから、そういう説がつくられるけど、「そこに山があるから登る」というように、倒せそうな相手がいればやっつける方が、戦国人としては普通よ。ただ、光秀にその後の展望が全くないのが問題ね。

杉本　あの反乱、じつにあとの配慮が疎漏よねえ。もう少し準備期間を置きたかったな。でも、あのとき挙兵するしかチャンスがなかったのかしらね。

永井　なかったんじゃない。

杉本　細川藤孝・忠興父子に出した手紙を見ると、「我ら不慮の儀存じ立ち候事、忠興（光秀の女婿）など取り立て申すべきとての儀に候」なんて言い訳してる。私欲のために天下を取ったのではないなんてことを言い出すようじゃ駄目ね。謀叛後のビジョンがまったくなかったたって感じ……。

永井　だから、戦術的にはよかったけど、戦略的には駄目な人なのよ。

杉本　本能寺での宿泊を狙ったのは、たしかにチャンスだったのにねえ。

永井　それに光秀は、信長や秀吉よりも保守的よ。天皇や公家に献金するとか、寺社に敬意を表するとか、ビジョンそのものが時代遅れなのね。だから、光秀はどちらにしても長続きしなかったでしょう。

杉本　しょせん、時代の歯車を回す役でしかなかった人ね。

安全主義に変わってしまった毛利

永井　時々私、毛利家が天下をとったら、またおもしろくなったんじゃないかと思うことがあるの。

杉本　どうしてとれなかったんだろう。毛利にはそれだけの力があったのに……。

永井　主家の大内義隆を追放し、大友宗麟の弟をかついで大内義長と名乗らせて実権を握った陶晴賢《すえはるかた》を、厳島の戦いで、嵐の夜に本陣を奇襲して滅ぼしたように、手配りはいいし、戦うタイミングを実にうまくつかむし……。

杉本　政治家、戦略家など、優秀な人材も多かった。

永井　しかも、瀬戸内という最も豊かな、いわば先進地帯を押さえていたわけでしょう。

杉本　日本海側までも押さえていたし、中国地方全体の覇者だものね。

永井　それに、毛利元就《もとなり》はわりとフェミニストなのよ。奥さんを大事にして、常に相談するの。元就の妻 妙玖《みょうきゅう》は吉川国経《きっかわくにつね》の娘で元就より早く死んでしまうんだけど、子供たちへの手紙で、妙玖がいたらどんなによかったろうとか、妙玖のおかげでここまでなれたとか、やたらと奥さんのことを書くのね。それから息子にも「嫁を大事にしろ」とかね。

杉本 若かりしころの行動には凄味《すごみ》があるわね。腹ちがいの弟をぱっと始末して宗家相続を実力でかちとったり、そういうときの冷酷さというか、果断というか、戦国武将としての条件も備えているわね。

永井 三男を小早川家に入れて小早川隆景とし、吉川興経をむりやり隠退させて、二男元春を後継として吉川氏を押さえてからは、一族の結束は固いしね。

杉本 京に上ろうと思えば、大坂、神戸から行くにしても、若狭側から進攻するにしても船は使えるし、陸路を鈴鹿越えして行くよりよほど有利よね。

永井 結局、中国地方のほうが京・大坂より先進地帯で、財政的余裕はあるし、一種のモンロー主義なのね。

杉本 そう、なんとなく中央不干渉。後半生は守備オンリーになっちゃうのね。

永井 そう、そう。「まず安全」になっちゃう。

杉本 その変化が毛利氏を生かした。そのかわり、天下もとれなかった。

永井 本能寺の変のあと、高松城を水攻めしていた秀吉が急遽和を結んで兵を戻したとき、やっとそれを知った吉川元春はすぐ出陣の準備をしたのに対し、隆景が元就の起請文を引いて、兄弟別心があってはいけないと、結局何もしなかった。

杉本 関ヶ原合戦のときは毛利輝元が西軍について、敗戦後も大坂城に秀頼母子と頑張っていたりした。あれは毛利存亡の危機だったね。

永井　そう。

杉本　でもさ、高松城の和議で活躍したあの安国寺恵瓊《あんこくじえけい》を犠牲羊《スケープゴート》にして「安国寺のやつにそそのかされました。すべて安国寺がいけなかったんです」と言いのがれた。（笑）安国寺がまた「その通り。みーんな私がいけませんでした」と汚名のいっさいをひっかぶって死んだ。私はああいうタイプが本当の忠臣だと思うけど、日本人好みじゃないね。

永井　それに、関ヶ原では支家の吉川広家は家康に内通して動かなかったし、小早川秀秋は歴史的な裏切りをやってのけて、東軍に勝利をもたらしたわね。その後、毛利本家の処置についてさかんに陳情し、取りなして、結局削封だけで、毛利を救った。

杉本　そうね。そういう布石には細心だったが、覇気に欠ける。どうしてあんなふうに毛利氏は初めの果断さを失って、慎重になってしまったんだろう。先が読めすぎたのか、それとも西国人気質かね。

永井　大ブロック史観なのよ。信長のことも近畿ブロックの一地方政権と見ていたのかも。

杉本　ハングリー精神はやっぱり東の連中にある。都へ行かなきゃ食えないとばかり、豺狼《さいろう》のごとく入りこんできた。

永井　足利将軍も流れて来ているし。その京都へ行ったって仕様がないなんて……。

杉本　おかげで連綿と、大名家を存続させ得《え》た。そして維新で再び渦の中心となった。

明治には貴族よ。

永井　現在でも地元では毛利サマは大したものよ。

杉本　元就は四百年の計をなしたのかもね。私、その後の織田家を追いかけたことがあるの。信長の子供たちの子孫、生き残ってはいたが、ほとんどが、旗本、御家人クラス。ひどいのはしくじって小普請《こぶしん》入りになっちゃったりね。(笑)

永井　天童の織田氏がいるじゃない。

杉本　そう。あのへんがトップクラスで二万石。小藩ながらともかく幕末まで生きのびたけど、明治になって、やっと子爵。あとはバラバラになっちゃっている。それに反して毛利は……。

永井　御身大切に、ね。明治には毛利は公爵サマよ。

杉本　でも、三本の矢の逸話はインチキね。元就が臨終のときは息子たちはあちこちに出ていて、一人ぐらいしか枕もとにいないのよ。あんな教訓は垂《た》れられないの。昔の教科書はいいかげんなこと教えるわね。(笑)

キリシタン大名

永井　九州にも島津とか、竜造寺、大友、鍋島、大村なんて大名がいたけど、体制的にはちょっと遅れをとった。

杉本　キリスト教の影響が強くて、キリシタン大名が多かったせいもある。

永井　そこがおもしろいの。彼らはキリシタンとは言うけれど、心の中から改宗したわけではなくて、要するに鉄砲とか大砲《おおづつ》に憧れたのよ。有馬晴信なんてキリスト教の宣教師と手を結んで彼らの大砲を陸上げさせて勝つわけよ。だから、そういう連中がもう少し西欧文明というものがどういうものかよくわかっていて、それをうまく取り入れたら、九州は一つの勢力になったわね。

杉本　そうね。だけど、長い間つちかわれてきた民族性の相違というのは牢固として抜きがたい。宣教師が来たからといって、そう簡単に洗脳はされなかったと思う。底辺の庶民や二、三の例外的な大名以外はね。ほとんど教義より大砲でしょう、目的は。

永井　形の上だけ。私の夫の黒板の先祖は大村家の下士だったんだけど、もとは、長崎県と佐賀県の境の波佐見《はさみ》というあたりの地侍で「波佐見衆」と言われた連中の一人なのね。波佐見衆は大村についたり、竜造寺を後楯にした後藤という有力な豪族についたり、その時々で旗色をうかがっていたらしいんですが、あるとき大村と後藤との間で和睦が成立したので、自分たちも両方に対して敵意を持たないと起請文を書いているんだけど、それがキリシタン起請文なの。「ぜすす」つまり、「デウスに誓って」なのよ。（笑）

杉本　じゃあご主人のご先祖はキリシタンだったのね。

永井　そう。それで、主人の兄がいまクリスチャンなの。

杉本　いいじゃない。先祖の名を辱しめないで。(笑)

永井　だけど、大将がキリシタンならデウスと書きましょう、仏教徒なら四天王とでも何とでも書きましょうと、いいかげんなものなのよ。

杉本　ハライソが極楽でインヘルノが地獄。ちょっと言い方が違うだけで、仏教と同じ程度の認識よね。

永井　サンチアゴは悪魔だから、サンチアゴと唱えると効くぞ、てなもんで、みんなが「サンチアゴ」って言って突撃したという話がある。

杉本　浄土真宗に蓮如のような人物が出て、企業さながら信徒を組織的に再編成するでしょう。キリスト教というのは、言わば外資系が入ってきたみたいなものよ。

永井　市場開放を迫ったけど……。

杉本　仏教と癒着した徳川幕府に潰されて追い出されちゃった。(笑)

組織づくりの名人・家康

永井　結局、組織の時代をうまく乗り切って三百年の平和を打ちたてたのが家康。それほど能力のない男が将軍になっても潰れることがなかった。

杉本　そこが秀吉と家康の根本的な違いよ。

永井　とにかく家康は政治組織のつくり方がうまい。老中《ろうじゅう》とか若年寄《わかどしより》とか、実際に幕政を執るものは譜代の大名で、せいぜい十万石どまり。安いのよ、給料は。

杉本　十万石も珍しいわよ。

永井　だいたい五、六万石ね。つまり徳川サマの大番頭たち。

杉本　所領は小さいけど、その代わり枢要の地に配している。

永井　加賀の前田家とか、薩摩の島津家のような大藩は絶対閣僚にしない。外様《とざま》は遠くに置く。

杉本　うまいやり方ね。今の大臣も月給十万くらいにするといい。

永井　私たちが学生の頃は、封建時代というと悪の代名詞みたいな教わり方をしたけど、封建制度というのは悪くない制度よ。

杉本　当時としては非常にいい。

永井　地方自治を認めるということなんだから。おかげで地方産業が育成されるし、土地土地の個性的な文化が各大名の保護のもとに発達した。各地に地方文化の中心ができ、国々のカラーが出た。地方の民度が平均的に向上し、文化の熟成によって国全体に底力がついたのは、あの三百年の封建支配の結果よ。

杉本　「初期地方の時代」よね。いまより、よほど自治が認められていて。

杉本　その上、参勤交代制度によって、中央都市との往来が定期的にくり返され、文化の交流が密だった。一国だけで凝り固まる弊害が起こらなかった。

永井　江戸には江戸屋敷という出張所があって藩士が交替で詰めるから、都会・中心部の情報に肌で接していた。

杉本　それが地方文化への刺激になるし、逆に江戸へは地方の文化文物が入ってくる。

永井　だから、天領には文化が育たないのよね、すぐ転勤するから。

杉本　代官なんていまでいうと出向の官僚よね。私、『終焉《しゅうえん》』という小説を書くとき調べたんだけど、代官って案外みんな真面目ね。

永井　官僚なんだから。

杉本　映画とかテレビドラマには悪代官が多くて、「この葵の御紋が目に入らぬか」なんてヤリ玉にあがるけど、（笑）実際は事なかれ主義でもあるし、小心翼々でもある。

永井　天領はあちこちに分散しているし、官僚支配の所だから、特産物も文化も育たないのね。

杉本　私が最近まで住んでいた田無《たなし》ってとこも代官支配地だったけど、青梅街道の新宿から始まってすぐの宿場だから、誰も泊まりゃしない。（笑）旅籠《はたご》もろくにない。旅人は通りすぎて青梅まで行っちゃう。通過駅代官支配地だから役所もないの。実際に働いていたのは下田家という名主なのよ。

杉本　私、田無を舞台に何か書けないかと調べてみたけど、下田家の古文書をひっくり返してみても、三百年間、なーんにもなかった。（笑）

永井　あら、そう。

家康をめぐる女たち

永井　でも私は、あんまり家康は好きになれない。だって、彼は女性観がよろしくないのよ。（笑）

杉本　腹は借りものだと思っていたんじゃない。（笑）鍛冶屋の女房だろうと、百姓の後家だろうと単なる子産み機械《マシーン》ならかまわないわけよ。女性側の素因も半分入るなんて遺伝学的なことを彼は知らないからね。

永井　それは最初の奥方築山殿《つきやま》で懲りたんだと思う。

杉本　そうだねえ。今川家の重臣の関口親永《せきぐちちかなが》と義元の妹とか伯母とかの間に生まれた女性でしょう。

永井　それでこの名門の女性は何かと実家を盾に威張るのよ。

杉本　威張られたのに閉口もしたろうけど、築山殿の出自《しゅつじ》が問題だったと思うの。彼女の体内には濃く今川の血が流れているでしょう。築山殿が産んだ信康は、いくら家康の秘蔵息子でも、今川の血を警戒する信長がその生存を許さない。築山殿が甲斐の武田勝頼に内通したなんてことは彼女を殺すために捏造した話よ。信康に嫁がせた自分の娘の徳姫が姑の築山殿にいじめられたぐらいの事はあったでしょうね。なにせ織田は今川義元を敗北させた仇敵だもの、そんな嫁を可愛がるわけはない。とにかく言いがかり同然な信長の命令で愛児信康を殺し、築山殿を死に追いやらざるを得なかった若き日の家康の苦悩は深かった。名族から妻を迎えるとそういう悲劇に巻き込まれる。これに懲りたんだと思う。鍛冶屋の女房なら安心だもの。(笑)

永井　二度目は、秀吉の妹で年増のおばさんを押しつけられたでしょう。小牧・長久手の戦いの後、秀吉との和睦がなったとき。

杉本　旭姫《あさひひめ》。彼女も可哀そうよね。無理やり夫と別れさせられたんだもの。前夫の佐治日向守はその後自害したとか、仏門に入ったとかいわれているでしょう。仲むつまじかったのにね。

永井　家康も、ある意味では女運が悪い。

杉本　悪い。正妻運はよくない。だから「もう正室は要《い》らんわ」って心境になった。

永井　側室のなかでもお勝という人は得しているわね。そう言っちゃ悪いけどほかの側室は教養のない町のおかみさんだけど、彼女は太田道灌《おおたどうかん》の血を引いている。だから、やっぱり頭はいい。関ヶ原合戦のとき伏見にいて、うまいこと逃げ出して家康の陣に飛び込む。なかなか、知恵、才略があるのね。そして家康の脇にいたら、「お前がいたから勝った。縁起がいい」と、それまでお梶という名だったのをお勝と改めた。まるで縁起猫のかわりよ。彼女が最後に愛されるのね。だけどお勝は男の子を産まなかった。女の子も早く死んじゃう。それで、お万の方が産んだ頼房《よりふさ》を養子にした。

杉本　お万は二人いるのよね。

永井　後の方のお万ね。それでお勝は水戸徳川家の母という格式を持つ。

杉本　私が書いた『長勝院の萩』の主人公の、長勝院お万は、だらしがないの。

永井　だめな人を書いたの、あんた？（笑）

杉本　彼女は、菊池寛の『忠直卿行状記』の忠直の父、結城秀康を産んだ女なんだけど、浮き草みたいにクニャクニャ、フラフラ。秀康の出生まで家康に疑われ、しばらくは認知してもらえなかった。まだ築山殿時代だったから、妬まれて、ひどい目にあったきのどくな女だけど、家康にもすぐ愛されなくなっちゃう。だけど、その他の側室はみんなユニークだし、それぞれに力量を発揮してるわね。

永井　二代目将軍秀忠の母親の西郷局なんてユニークね。

杉本　大坂夏の陣に遅れて行って家康に叱られた松平忠輝。彼を産んだ阿茶局《あちやのつぼね》なんかたいしたものね。スタートはお湯殿出身の垢掻《あかか》き女だけど、手紙など見るとせっせと勉強してとにかく他の側室に追いつこうという努力の跡が見られるし、やっぱり努力型の戦国女房ね。

永井　私は戦国の女ってなかなか目覚ましいと思うの。それぞれ自分のために才能も磨かなければいけないし、命の修羅場も切り抜けていかなければいけない。

杉本　政略結婚だからって、泣き泣き嫁入ったなんてケースは少ないわよ。彼女およびその侍女たちはスパイ集団ですからね。「塩蔵はどこにある」とか「堀の深さは……」とか、国許に通報する任務をおびてた場合もあるし、実家を代表して乗り込んで来ている外交官でもあった。メソメソ泣いていたら勤まらない。

永井　そう。そういうイメージは後世につくられたもので、信長の妹のお市なんかは優秀なスパイよ。

杉本　信長が越前の朝倉氏を攻めて出たとき（一五七〇年）、近江の浅井長政のもとに嫁いでいたお市から陣中見舞いが届く。「お菓子がわりに炊いて召し上ってください」と届けられた小豆の袋は上下がくくってあった……。

永井　暗号なのよ。「兄さん、あなたはこの袋の中の小豆と同じだ。今のまま進めば、浅井と朝倉のはさみ打ちにあって、殺されちゃいますよ」ということね。そこで信長は急いで兵を戻した。

杉本　そういう時代だって、もちろん誰も、お市にそんな作戦を打ちあけはしない。

永井　スパイだもの。感知するのよ。

杉本　しかもそういうとき、下手なことをやれば殺される。外交官でありスパイであると同時に、彼女らは人質なんだからね。内通が知れたらすぐ血祭りにあげられてしまう。

永井　証拠を残しちゃいけない。

杉本　侍女なんかに言い含めても、拷問にかけられたら白状しちゃうし、密書は奪われる恐れがある。そこで小豆の袋となる。やっぱりなかなかの知能犯よ、戦国の女は。

永井　戦国時代までは女も財産権を持っていたのよ。だから、実家はすなわち、自分のモノであり、兄貴のモノである。いわば共同経営者なのよ。夫を愛してないとか、兄さんの方が好きだとかいう問題とは別なのね。

杉本　財産は実家にあるんだから、実家が滅びたら、何も残らない。

永井　嫁がせたら、全く夫側の人になってしまうんでは、政略結婚させる意味がない。

細川ガラシャの信仰

永井　細川ガラシャはどう思う。

杉本　ガラシャ、怖《こわ》い。

永井　杉本さんが怖がる、ガラシャ。（笑）

杉本　そうよ、ブルッちゃうわよ。（笑）

永井　でも、あの人すごく真面目だし。

杉本　そうよ。だから怖いのよ。

永井　ガラシャは明智光秀の娘でしょう。逆賊の娘ということになる。戦国の世がもっと続けば、「下剋上は戦国の作法だ」と居直っていればいいけど、そうではないでしょう。彼女は参禅もするけど、彼女としては、キリスト教の原罪、人間はみんな罪ある存在だ、イエス・キリストはその罪を負って自ら十字架におつきになったという、あの考え方以外にその心を救えるものはなかったと、私は思う。だから、彼女は、他の多くのキリシタン大名たちとは違って、本当に信じちゃっている。西洋の宗教を理解した数少ない人の一人だと思う。

ところが、夫の細川忠興のほうは、キリスト教に対して関心はあったけど、一般の大名並みで、信仰というところまでいかない。秀吉が禁教すれば、ガラシャに「キリスト教を棄てろ」となる。ところが、ガラシャにしてみれば、ここで神を裏切ることはできない。裏切り者である父を許し認めて下さった神様はキリストしかいないんだから、それをまた自分が裏切ることはできないという気持があるし、「最高の教えをなぜ分かってもらえないのか」という気持もある。

杉本　しかし、教義でいうと、浄土真宗とかなり近いんじゃない。

永井　だけど、そっちには行かなかった。

杉本　禅じゃだめよ。禅では、反逆も、裏切りも、罪も、同一のレベルに置かれ、仮のもの、現象でしかない。ガラシャとしては、それでは納得できなかった。

永井　自分の運命を考えると、仏教には行けなかった。それは仏教は権力者ベッタリで光秀を認めたりはしないの。いわば宗教と政治という問題を抱えた忠興とガラシャの対立は、極めて現代的なのよ。

杉本　そう。あの夫婦の在り方が繰り返し、小説になったり戯曲化されたりするのは、その対立・桎梏《しっこく》が今日性を持っているからよ。

永井　忠興にしてみれば一国の主《あるじ》でしょ。「お前が棄教しなければ家は断絶、家中の者がすべて路頭に迷う」と。統率者としての責任がある。これはまた、男の論理として当然よ。

杉本　現代の核家族じゃないんだもの。厖大な家臣とその家族を抱えているんだもの。

永井　ところがガラシャの方は「キリスト教は私の心の奥の最高のものだ」と。

杉本　石田三成が関ヶ原の戦いをひかえて、各大名に対してその妻を大坂に置くことを命じた。つまり、人質ね。しかし、忠興がガラシャを本当に逃がす気があったら逃がせたはずよ。石田方が捜索に来たとき、ほかの女たちはみんな裏の堀から舟に乗ったりして逃げているのに、ガラシャだけはあえて踏みとどまって、死を選んだ。家老小笠原少斎《しょうさい》に長刀で胸を突かせて死んだんだけど、白無垢の着物を着、祈りを捧げ、覚悟の上でのことだから、自害と同じね。

永井　キリスト教では自殺は禁じられているからね。

杉本　そのとき、忠興は小笠原少斎に「無理にでも逃がせ」と指令を出していない。何も言わずに関ヶ原に出ていった。悲劇だけれど、そこにしか解決の方法がないという暗黙の了解が、夫婦の間に出来上っていたんだと思う。

永井　それによって細川の家は助かる。

杉本　夫が殺したわけではない。石田方にやられたんだと公言することができる。形の上ではね。

永井　ガラシャという教名は「恩寵」という意味なんだけど、彼女の最期は神の恵みそのものなのよ、そう思わざるを得ない。

杉本　忠興は心底ガラシャを愛していた。戦国大名としてはめずらしいくらいね。だから忠興は、自分は入信しないけど、のちにお母さんが入信してもとがめなかったし、小倉の領主になって以後は、領内のキリシタンがガラシャの冥福を祈って祭をやっても咎めないでしょう。あの夫婦は、愛し合っているにもかかわらず、精神的な対立と葛藤に苦しみつづけ、亀裂をそれ以外に埋めようがなくて、妻の側の死による解決方法を暗黙のうちに認め合ったんだと思う。

永井　憎んでいるような、愛しているような……。現代の夫婦と同じよ。時代を超えて、人間の本質に連なるものがある。私も『朱なる十字架』でそれを書いたの。

永井　だから、常に新しいのよ。

杉本　よく忠興はすごいヤキモチ焼きだと言うけど、違うと思う。

永井　苦しんだのよ。ヤキモチなんて次元じゃない。

杉本　忠興はヤキモチ焼きで家中《かちゅう》の者の眼からもガラシャを遠ざけていたと言われるけど、あるとき、二人で喧嘩しながら食事をしていたら、職人が屋根でみていて、転がり落ちた。そこで、忠興が「無礼者」と首を切って、その生首を食膳にドンと置いた。ところがガラシャは平然として食事をしているので、忠興が「お前は生首を見ても怖がらない。蛇のような女だ」と言ったら……。

永井　「あなたは罪もないのに職人を切る鬼です。鬼の妻には蛇がちょうどいいでしょう」と答えた。（笑）

杉本　これはすさまじい話だけど……。

永井　象徴的ね。つくり話かもしれないけど、やりきれない愛憎の袋小路に入ってしまった二人を活写している。

杉本　多分、喧嘩というのは、キリスト教の問題をめぐってだと思うのよ。それを職人に聞かれたら、切るしかない。

永井　密告されたら大変だものね。

永井　忠興にしてみれば「そんなにまでして俺が細川家を守ろうとしているのに、お前はわからんのか」ということよ。
杉本　不幸ね。非常に不幸な夫婦よ。
永井　しかもキリスト教というのは、殉教ということをものすごく強調するでしょう。
杉本　殉教死であればあるほど天国《ハライソ》へ行けると信じた。
永井　プロテスタントになるともっと精神的な次元のものになるけど、中世のカソリックの布教の仕方は、殉教を強調する。どんなに血を流しても信仰を棄てなかったという話を強調した。
杉本　ガラシャとしては、これは殉教のチャンスだとも思ったんでしょうね。

出雲阿国

永井　しかし、さしも長く続いた戦乱の時代もやっと終わりにきたということは、はっきりしていた。出雲阿国。歌舞伎のもとをつくった有名人だけど、ああいう芝居が上は公家・大名から庶民まで惹きつけたのも、時代が落ち着いてきたからよ。
杉本　阿国は伝説だらけでね。一人の阿国説、二人、三人の阿国説。親子阿国説もあるし。元々血統正しい人間じゃないんだから、いろいろ説があって当然なんだけど、出雲大社の巫女だったとか、その門前の出雲大社お出入りの鍛冶職の娘だったとかいろいろある。ただ、あの時代を代表する一人なのはたしかね。

永井　能とか狂言とか、それまで芸能は男の世界のものだったわけでしょう。そこへ女が出てきてやるというのは一種の新しい試みでもあるし……。

杉本　でも、鶏が先か卵が先か、つまり阿国歌舞伎の影響で出てきたのか、逆に阿国がその影響で出てきたのかわからないんだけど、女房能なんて催しが盛んに始まったの、あのころ……。女が能をやっちゃいけないというタブーはなかった。能が式楽として堅苦しく固定してしまうのは徳川時代に入ってからでね。「キリシタン能」なんてものまであったのよ。「厩《うまや》にてデズス・クリストがお生まれなされ候につき、星をしるべに博士ら三人《みたり》、はるばる訪ねまいらせ候」なーんてね。（笑）

永井　おもしろいわね。

杉本　辻能という町の辻で旦那衆がやる茶番みたいなものもはじまった。

永井　いわゆるプロじゃなくって。

杉本　そう、アマチュア演劇。

永井　名古屋山三《なごやさんざ》と阿国の話は本当なの？

杉本　名古屋山三なる人物はいたのよ。東福寺の喝食《かつしき》だった。道ばたに立って、蒲生氏郷《がもううじさと》の小田原征伐の出陣を見物してたとき、氏郷に目をつけられて、「予と一緒に来い」

というわけで召し抱えられた。要するに男色。花の如き美少年だったの。ところが、この若者、ただ顔がきれいというだけじゃない。小田原征伐の後、氏郷が領地へ帰ると領地の一揆をパッと鎮めちゃう。だから信任も厚くなって、氏郷が死んだとき、ご遺金をたくさん貰う。それで京都へ帰って、ゆうゆうと浪人ぐらしをエンジョイしだす。なにしろ美男の上に金があって力もある、三拍子揃っているから、大変な人気者になってしまう。

世の中には、業平《なりひら》とか、ビートルズのレノンとかヒーローがときどき現われるでしょう。なんということもなく国民的アイドルになるような男がね。名古屋山三もそれよ。もう都の人は女だけでなく男まで夢中になっちゃうの山三に……。

永井 それでつまらないことで死ぬでしょう。

杉本 そう。だからなお、同情されちゃう。

永井 ジョン・レノンと同じなのよ。

杉本 名古屋山三のお姉さんというのが、蘭丸、力丸《りきまる》、坊丸を出している森家の殿様のお妾だった。その関係で作州津山へも遊びに行っていた。彼は今でいうマルチ人間、才子でしょう。城を増築するので地取りをやれと言われてやっていたら、元からいる森家の家臣と意見の相違で喧嘩になった。それで果し合いになり、相手を殺したけれど山三も斬られて絶命よ。

永井　阿国とはどの程度の関係なのかしらね。

杉本　阿国にからまるところは嘘が多いから何が本当かはっきりしないけど、とにかくあの人気男が非業の最期を遂げたというのだから、都では大騒動。パトロンであり、恋人であり、アドヴァイザーでもあった男が死んでしまったんだから、阿国はどうするか。あとを追って自殺するか尼になるか、何にせよ休演はまちがいないと思ってたら、案に相違してすぐ幕を開けたから、さあ、神経の太い女だというので黒山のように見物が押しかける。舞台では黒塗りの笠をかぶって、黒い僧衣《そうい》に紅の腰衣《こしごろも》をまとった少女らが、阿国役の女を中心にして念仏踊り。「なむあみだぶつ、なむあみだ」と踊っているところに、「ヤアヤア、阿国に物申す」と、声をかけながら、名古屋山三が客席の後ろから登場した。「あの伊達男、さては生きていたか」「山三の亡霊じゃ」と客席は沸きかえった。じつは阿国が男装して山三に扮したわけよ。いまでこそ客席の後ろから役者が出現するという演出は珍しくないけど、その頃とすれば大変なアイデアでしょう。

永井　たいした才能よね。

杉本　とにかく若衆姿で出てきた阿国の山三が、少女たちと一緒になって念仏踊りをはじめたから、観衆はよろこんでどよめきたった。つまり、阿国というのは、大入りに結びつくホットニュースとあらばば、恋人の死ですらたちまち舞台に乗せることのできる女よ。

永井　私、短いもので書いたことがあるんだけど、阿国がどれだけ山三にほれていたかわからない。むしろ意外と山三の名声を利用して……。

杉本　そう、それはある。

永井　小林一三は宝塚少女歌劇をつくったけど、阿国は脚本から、演出から、振付け、衣装、効果、出演、何から何まで一人でやった。これはもう最大の演劇人よね。

杉本　しかも、その後、水島主水《もんど》だの何だの女歌舞伎のイミテーションがワーッと出て過当競争になり、お色気戦法に転じて売春まで行なわれるようになると、「これは必ずお上《かみ》の咎めがある。公然猥褻《わいせつ》罪か何かで取締りを始めるだろう」と見越して、その直前に阿国だけはさっとやめちゃうの。

永井　なるほど、頭いいのね。

杉本　晩年はわからない。出雲へ引っこんだという説もあるけどね。

永井　おもしろいわね、女で興行師でもあり舞台人でもあるというのは。

杉本　狂言師の三十郎という夫がいたのを、名古屋山三が出現すると、ポンと取り替えちゃう。四条河原に小屋組みするだけでも、大工の手配だの、どこに渡りをつけたらいいかだの、男の手がいろいろと必要よね。つまり三十郎は利用されたのね。

永井　そう、そう。

杉本　ところが名古屋山三は資力があるから、北野天神に常設舞台を建ててやる。しかもアイデア・マンだから、派手なレビュー・スタイルに変えさせたりした。それでワーッと人気が出たのよ。

永井　そういう女が一人歩きできた時代っておもしろいわね。

杉本　ずいぶん前だけど、テレビ局で、現在残っている歌詞とか、歌舞伎屏風などに描かれている絵を参考に阿国歌舞伎の復元をこころみたことがあったの。譜面なんて一つもないけど、すでに沖縄から蛇皮線が入っていた。狂言小唄でもない、能のメロディでもない、いかにもこうだろうと思わせるような適切な節がついたのには驚いたわ。振付けにしても、能やそれ以後の日本舞踊の場合だと腰に重心を置く。まず腰が坐らなければいけないんだけど、阿国歌舞伎の踊りは屏風絵を見てもわかるように、重心が上の方にあって、クラゲみたいにフラーリ、フラーリしている感じよ。それでなんとなく淫猥《いんわい》で、退廃的で、エロチックなんだけど、とてもその雰囲気を出していたわ。仕舞や日本舞踊は習わなきゃだめだけど、阿波踊りは誰でもできるでしょう。あれは、重心が上にあるからなのね。恐らく阿国たちの踊りも阿波踊り形式と同じでしょうね。

永井　先ほどの「キリシタン能」と逆の話だけど、ヨーロッパで、当時、日本の小西行長などのキリシタン大名を題材としたオペラができているのよ。音楽評論家の属啓成《さつかけいせい》先生がザルツブルクでその台本を見つけたの。

杉本　いつごろのものなの。

永井　十八世紀。ツカミドノというのが出てくるんだけど。

杉本　摂津守《せつつのかみ》だ。

永井　津《つ》の守《かみ》というからね。

杉本　小西行長よ。

永井　それから「ウコンドン」というのが出てきたり。

杉本　右近殿だな。高山右近ね。

永井　お芝居のなかにちょっと歌が入るというようなもので、いわゆるオペラとはちょっと違うらしいけど、ミヒャエル・ハイドン、有名なハイドンの弟が作曲している。

杉本　同じ頃に、あちらでは小西摂津守をオペラにしていて、こちらではキリストの誕生を能にしているんだから、東西交流よ。実におもしろい時期を持ったものね、日本という国も。

永井　モーツァルトのオペラ『魔笛』にも登場人物は「日本の着物を着て出てくる」とト書に書いてある。日本のエキゾチシズムに対する憧れがあったのね。

杉本　黄金の島、ジパングへのね。

永井　鍋島とか、陶器類はいっているし。

杉本　太刀や漆器類もいっているわ。

永井　陶器は「チャイナ」に対して、漆器は「ジャパン」だもの。東西交流は鎖国ではほぼ完全に閉じられてしまったと思うけど、意外なところで……。

杉本　ただ、あの時点で鎖国したのは正解だったと思う。

永井　そうね、開国したままだったら危なかったわね。

杉本　その意味で、徳川三百年の鎖国期間というのは、やはり歴史の上での必然なのよ。

永井　そうね。では、次章は鎖国から始めましょうね。

江戸三百年の成熟

ジャガタラお春

永井　ジャガタラ文《ぶみ》というのがあるでしょう。「あら日本恋しや、ゆかしや、見たや、見たや」と、寛永十（一六三三）年以降、次々と打ち出された鎖国令で、ジャワのバタビアなどに追放された女たちが、涙の日々を送っている、と。あんまり名文すぎて、以前から作り物だといわれているけれど、偽《にせ》かどうかということより、彼女たちは意外とあちらでいい生活をしているのよ。彼女たちは実際にはオランダ東インド会社の事務員補をしている青年と結婚したりするんだけど、夫はその後出世して税関長にまでなり、名士として活躍している。身分のある人の奥さんになっている女性もいるのよ。

杉本　ジャガタラお春ほど文章は上手じゃないんだけど、それだけにリアルな手紙がもう一通あるでしょう。鹿児島の開聞《かいもん》岳を富士山とまちがえたり、こちらには稲も麦もないとか、あやふやなこともずいぶん書いてる手紙だけど。それによると、この筆者もお屋敷に住んで、召使いもいる。舅《しゅうと》も姑《しゅうとめ》も優しい人だなんて書いてあるのよね。

永井　そうなのよ。何々夫人といわれて晴れの席に二人で臨んだり、かなり豪華な生活をしている。決して涙ながらじゃないわよ。それを「涙ながら」にしなければいけなかったのは、「そんなに良い生活があるのか」なんて、女がどんどん出かけては困るという……。

杉本 日本側の事情があった。徳川幕府のおもわくね。

永井 それから面白いのは、たいへん制限付きだけれど、その女たちが一種の合法的密貿易をやっているの。「長崎お奉行様のお慈悲をもって年に一回手紙をやりとりすることをお許しいただき、ありがたく存じております」といった、恐縮しきったような手紙があるんだけど、これは、少し前まで私たちも「謹啓　陳者《のぶれば》……御清栄の段御慶び申上候」とか書いたように、いわば決まり文句なの。これにつづけて、「これと同じ物をつくってほしい」とあって、たとえば銀の細工物を送ってくる。

杉本 サンプルだな。

永井 そう。それで「何月までにできなかったら捨ててくれ」って。

杉本 考えたね。サンプルのスタイルで送るのね。

永井 それから、年に一回だけは親類に物を贈ることが認められていたらしいんだけど、それが何十反ものジャワ更紗とか。

杉本 これはもう完全に輸入と同じね。

永井 そういう手を使っている。なかなかしたたかよ。

杉本 やっぱり頭の使い方が国際的だ。

永井　名流夫人になったのにはでな喧嘩したりして、えらい噂になったりしている。

杉本　そういう良い運を射止めた人は少ないかもしれない。だけど、オール身売りで悲惨というのも極論で、たくましく生きた女《ひと》もいる。日本女性は相当魅力的だったと思う。その魅力を充分に生かしてうまく立ち回った女性は案外たくさんいたかもしれない。

永井　江戸時代の女性というと物悲しくなければいけない感じがあるけど、それはつくられたイメージね。

主婦の座

杉本　徳川氏の統治思想の根本は社会秩序の保持ね。世の中の治安を保つことこそが政権維持につながるという考え方で、社会の安寧のためには、それを形成している単位としての家庭がうまく治まっていなければならない。個々の家庭が紊乱《びんらん》すれば、社会が乱れ、必然的に徳川政権の土台もゆらぐと考えたわけね。

永井　修身斉家治国平天下《しゅうしんせいかちこくへいてんか》。

杉本　そう。だから、「家にあっては父母に従い、嫁しては夫に従い、老いては子に従え」の三従の教えはあっても何でもかでも女はヘイコラしていろというのじゃない。亭主が遊所に入り浸ったり、家に遊女を引っぱり込んだり、下女に手を出して、その下女が暴慢な振舞いに及ぶといった紊乱が生じれば、親戚中が寄ってたかってその亭主を廃嫡なり若隠居なりさせてしまう。

永井　お妾が実権を握るようになったら家の中は斉《おさま》らない。

杉本　そうなの。家中心の考え方だから、女ばかりでなく男にだって厳しいのよ。医学的知識がないから、不妊を女だけのせいにして「嫁して三年子なきは去る」という。妻は離婚されては困るし、かといって家を継ぐ子供も必要だから、子産みマシーンとして……。

永井　冷蔵庫を選ぶように「ナショナルじゃなくて東芝にしよう」といった具合に、主婦が選んでお妾さんを与える。

杉本　そういうこと。(笑)「容姿じゃありません。丈夫な跡取りが産める健康なこの娘にいたします」と主婦が選んであてがう。夫は、ずいぶんブスだと思っても、(笑) マシーンだから仕様がない、(笑) 我慢して、その女との間に子をつくる。

しかもマシーンはマシーンだから、跡取りができたらばもうお払い箱。金をやって家に帰すか、そのまま奉公させるにしても、身分はあくまで奉公人ね。そして生まれた子にも本妻の継母を「かか様」、実母を「おその」なんて呼ばせて厳然と区別させる。(笑)「これ、おその、茶を持て」というふうにね。本妻の権威はきちんと認めている。夫が正妻を追い出して、妾のおそのを正妻にするなどと言い出したら、またまた親戚が黙っていませんよ。後見役のじじ様、叔父さまなんて怖いのが出てきて、廃嫡だの、若隠居をということになりかねない。これではたまらないから、一家の主人といえども暴慢なことはできないわけね。

永井　そうね。制限付きだけれども、家の中での主権者はやはり主婦よね。

杉本　大名家であろうと、町人であろうと、「奥」というのは厳然と独立していて、奥の支配は主婦に任されている。だから、亭主であっても、奥の部屋に来て、奥さんの箪笥を勝手に開けたりはできない。

永井　よく、江戸時代には三下り半《みくだりはん》を渡せば男は勝手に妻を離縁できるんだというけど、そうは言えないわね。

杉本　そうよ。

永井　実際には夫も勝手に妻を離縁できなかったけど、一方、女の方からは絶対に離婚したいと言いだせなかったのは事実。法的には不平等だけど、どうしても別れたいときには、鎌倉の東慶寺などに駆け込めばいいし、かなり町の年寄役が斡旋したりしてるわよ。

杉本　ちゃんと救済施設がある。

永井　それが面白いのよ。非常に多いのは婿取りの場合なのよ。婿に入れたけど気に入らない、合わないと。それで出したいときに東慶寺などがよく利用されている。

杉本　「御亭《ごてい》どんがぐじゃっぺだるけん、まあだ盃《さかずき》ァせんだった」という場合も、「村役鳶役《とびやく》肝煎りどん、あん人達の居《お》らすけんで、後はどうなとキャアなろたい」とお寺へ逃げちゃうのね。（笑）

永井　それから、離縁状でも読み方に気をつけなければいけない。「お前のことは自分の勝手で離縁する。ついては子供はお前が養え」と。そして十両寄こせ、とかあると、子供を女に押しつけ、しかもお金を取って行くような、極悪な男と思いがちだけど、これがだいたい婿養子なの。子供ができたから、もうお役御免だ、と。

杉本　種馬の役はすんだ。（笑）

永井　そう。十両は、裸じゃかわいそうだからという手切金。全部がそうとは限らないけど、あまりに女性が足蹴《あしげ》にされてばかりいるように考えるのはまちがいだと思うし、それは明治政府の意識的な世論操作だという気がする。

杉本　「江戸時代はかくの如くひどかったが、明治の御代になってよくなった」といわせたいわけよね。そのため認めるべき点まで否定してしまった。いまだにそれが尾をひいてますよ。テレビドラマなんかで武士がやたら人を斬るでしょ。まるで無法地帯みたいな捉え方をしてるのよね。

出女、入鉄砲

永井　法律的には確かに大筋では女性の地位を認めていないないですよ。しかし、建前と本音はいつだって違う。たとえば「出女《でおんな》、入鉄砲《いりでっぽう》」というと、女の旅行はまるで許されていないかと。私も前はそう思っていた。

杉本　旅行の禁じゃないのよ。人質が逃げないための監視。徳川政権はそもそも軍事政権だから、大名統治政策としてその正室を人質に取っている。そういう者に、江戸から国許へ抜け出されたら、人質の意味がなくなってしまう。だから、大名諸侯における出女を非常に警戒した。

でも、それは初期の話なのよね。私、箱根関所の人見女《ひとみおんな》（女の旅人の身体検査をする）を主人公にして『鳥影の関』という小説を書いたことがあるんだけれど、徳川中期から末期にかかると、大名の反乱など起こりっこない。泰平に慣れてしまうと、こんどは役人根性の通弊で出女検査の場合、人質などに関係のない百姓町人の女ばかりをいじめるわけよ。

永井　あら、ほんとなの。

杉本　「頬に黒子《ほくろ》があると書いてあるのに、ない」とか、「人妻と書いてあるのに袖が長い」とか。

永井　袖が長いから娘じゃないかというわけね。

杉本　人見女の婆さんにちょいとお金を握らせれば、「通行、O・K」といった不正もあったと思う。

そのくせ取締りの本来の対象である大名家の女が通ると、ほんの形式だけで、乗物ごと箱根関所の奥座敷へ担ぎ入れて、ご老女が一寸《いっすん》ばかり戸を開けてすぐバチッと閉めてしまう。人見女は顔も上げずに「へへっ！　結構でございます」（笑）ずっと離れていて、乗物の中は暗いし、確認などできるはずがない。つまり、本来の意味が忘れられて、庶民いじめになってしまった。

永井　これは笑い話だろうと思うけど、奥の手があるというのね。江戸から関西の方に行くわけだけど、担いできた駕籠の戸を閉めたまま、みんなの見ている前で、ぐるっと反対に向ける。すると江戸の方に向かっている感じになる。そして、手形は持たない。そこで「退《さ》がりおれっ、帰れ！　帰れ！」

杉本　ツッと上方の方へ出て行っちゃう。（笑）

永井　こういう話が広まるほど、今の成田空港とは違う。

杉本　でも、なかにはこちこちな役人もいたのよ。尾張侯が乗物の引き戸を閉めきったまま押し通ろうとしたら、関所役人の一人が、「戸をお開けくだされ、お開けくだされ、お開けくだされ」と連呼しながら駕籠脇にぴたっと貼りついて、箱根から小田原の近くまで歩きつづけた。（笑）家老が、「殿、どうぞ、お開け下さい。殿、殿」と必死に諫めて、とうとう根負けして開けたんだと。（笑）

永井　愉快ね。

杉本　でも、それはまだ江戸も初期の頃だから。「硬骨《こうこつ》、嘉《よみ》すべし。関所役人の手本である」と公儀からほめられて、美談として語り残されたわけよ。

本陣は軍営

永井　大磯の本陣の話を鎌倉の小丸俊雄先生が書いていらっしゃるんだけど、面白いわね。たとえば、大名の一行が泊まるでしょう。そうすると、御目見えに出るわけだけど、亭主だけとか、亭主とかみさんだけとか、子供も同席させるとか、いろいろある。御目見えにきたら、大名はこれに何かを下賜しなければいけない。だから、前以て、「亭主だけでいい」なんていう大名もあるのね。（笑）

一方、宿の方はお土産を押しつけようとする。大磯の海岸には、赤だの白だの青だの、五色の石があって、それを「名物でございます」と献上する。そうすると大名の方はお返しに何かくれてやらなければいけないから、要らないという。前以て「出さないでよ

ろしい」というのね。(笑)

某門跡《もんぜき》が下ってきたとき、何もいわれなかったので、しめたと献上したら、「ありがとう」と受け取っておいて、何もくれなかった。「これは、しまったな」という感じ。

それから、紋服拝領というのは、お殿様の方が「ご苦労だった」というので下賜するのかと思ったら、そうじゃないの。こちらが「欲しい」とおねだりする。紋服をいただいたということは、この次のお泊まりの予約をいただいたということなのね。その殿様が次に来るときは拝領の紋服を来て挨拶に出るということなの。だから、殿様の方で「いま用意がない」というのは、コネを付けたくないという意思表示なのよ。だけど宿の方ではなんとしても予約がほしいものだから、次の宿までついて行って「どうしても頂戴したい」という。しつこく江戸まで貰いに行ったという話があるわよ。

杉本 鳶《とび》の頭《かしら》なども同じね。お出入り先の商家からそこの家紋の印半纏《しるしばんてん》を貰うわけよ。だから鳶頭は何枚も半纏を重ねて着るんだって。そして年始の挨拶などに回る時は、お店《たな》ごとに、その家の半纏を一番上にする。枚数が多いほど一種の見栄になるわけだけれど、つまりはその親方の信用度の厚さ、トレードマークにもなるのね。

ところで、本陣や脇本陣は、大名から宿泊料をもらわないそうじゃないの。

永井 そうらしいわね。だから田畑をかなり持った家がやっている。

杉本 そのかわり、家を建て直すとか、畳を入れ替えるとか、寝具を新しくするなどということになると、お泊まりの大名衆が金を出す。つまり、本陣、脇本陣というのは、その名の通りあくまでも陣営なのよね。

永井　そう、旅籠《はたご》じゃない。

杉本　宿泊の場ではない。軍が夜営する場所、陣営を置く場所ということ。

永井　「本・陣」だからね。

杉本　徳川政権に限らず、幕府というのはこれも読んで字のごとく幕営よね。さっきも言ったように軍事政権だから、参勤交代は、出陣の命令に従って着到《ちゃくとう》をつけに行くということで、物見遊山や旅行ではない。

永井　行軍よね。

杉本　軍団の移動ですよ。弥次さん喜多さんが旅籠に泊まって、五右衛門風呂に入ったり、飯盛り女を買ったりするのとはまったく別個のものよ。だから川止めが解除されれば軍団である大名行列が真っ先に渡る。当り前なのに、「民衆をあと回しにする。だから徳川時代は非民主的」なんて見当はずれを言う人がある。(笑)

永井　そういう庶民の世界が混じりあって動いているけど、基本的には、江戸幕府はいまも世界のあちこちにある軍事政権の一つであると認識しておかないと、江戸時代を把握することはできない。

三百年という時間

杉本　もう一つ重要なことは、徳川政権が三百年という長い期間続いたということね。このことを認識してないと、間違いが起こっちゃう。初期、中期、末期とでは、まったくといっていいくらい違ってくるわけよ。すべてが……。

永井　三世紀といったら膨大な年月よね。

杉本　明治維新からいままでほぼ百二十年。江戸幕府は、家康が征夷大将軍になった一六〇三年から大政奉還の一八六七（慶応三）年まで、厳密に数えて二百六十四年。いまから百五十年後、日本や世界がどうなっているか考えてごらんなさいよ。スターウォーズ計画どころじゃない。地球がなくなっちゃっているかもしれないし、とにかく予想もつかないわよ。

永井　社会の変化するテンポはどんどん早くなっているといったって、明治元年からの日本の変化を考えれば、徳川三百年の内実は大変わりね。

杉本　風俗や社会形態が変化してくるし、人々の意識も変化する。何よりも経済状況の変化ね。

永井　物価というものは自然と上昇していくもんだし、三百年も平和が続けば人間贅沢にもなるし、生活水準も上る。

杉本　前田侯百万石といっても初期の百万石と後期の百万石では実質量がちがう。江戸も終わりに近くなると百万石の半分くらいの価値になってしまう。だから米以外の国内産業の振興をはかって、あの手この手で収入増を図らなければならない。戦国乱世とちがって戦争をしかけて人の土地を分捕るわけにいかないものね。

永井　むしろ、売り食いしたりして、知行地を手放す人も出る。

杉本　滝沢馬琴は神田明神下の家を引き払って最後に四谷信濃町のボロ家を買うんだけど、これは御家人株と抱き合わせで買うのよ。鉄砲同心でも何でもいい、ともかく御家人にしておけば一定の収入はあると判断して、馬琴は孫の将来のために、江戸といっても辺鄙《へんぴ》な四谷へ引き移る。つまり、この頃になると、幕府の御家人株を屋敷ごと売り払ってしまうような武士がたくさん出てきたわけね。

永井　そういう人は、御家人株を売ってしまった後はどうやって生活するんだろう。

杉本　小商《こあきな》いを始めたりしてなんとか食べていくんでしょう。キリはそういうふうになっちゃうけど、ピンの大名も勝手もとのやりくりが大変だった。

勘当の背景

杉本　それから、さっき廃嫡・勘当について話が出たけど、私は、勘当くらい、身勝手なものはないと思う。勘当の記載は古くからあって、『今昔物語』にも出てるわね。

永井　そう、ある。

杉本　よそから貰った瓜を十個、厨子《ずし》にしまっておいたら九つに減っていた。一つだれかが食べてしまった。詮議したところ末ッ子の男の子が食べたとわかった。そこで父親は近所の人を集めて証人になってもらい勘当しちゃうのよね。お母さんは泣いて止めるし、皆がとりなしても聞き入れようとしない。「食べてはいかんといったものをこっそり食べるような盗み心のある息子は、ゆくすえ親の首を締めることになりかねない。出て行け」という。案の定、成人ののち大盗人になって検非違使《けびいし》に捕まってしまった。そして親の名を白状したので、親を追捕《ついぶ》しにやって来たとき、村の人たちの連判のある勘当状を出して、「この通り縁を切りました。あれは私の息子ではありません」と申し開きをして、連座の罪を免れたという話があるでしょう。『今昔物語』の作者は、この父親を賢い親だと褒めているのよね。

永井　「此れを見聞く人、此の祖《おや》をぞ極《いみじ》かりける賢人かなとて讃《ほめ》けむとなむ語り伝へた

ると や」と書いている。

杉本　自分が子供を育てそこなったために、手先の曲がった子ができたんでしょう。（笑）その責任をとらないで、自分と一家の安全だけを考えて、世間にほうり出し、人さまにさんざん迷惑をかける盗賊にしてのけた。勘当のエゴイズムよね。

永井　自分のところさえよければいい。道路掃除するとき、自分の家の前だけ掃いて、ゴミは隣にやるという精神と同じだ。

杉本　春日神社の神鹿《しんろく》が自分の家の前で死んでいると罪に問われる。だから昔、奈良の人は早起きだったんだと……。

永井　いまだってあるわよ。川で水死人があると、どこそこまで流れていけば水上警察の管轄だから、なんて眺めている。

杉本　箱根の芦ノ湖がそうなの。あの湖の管轄区域は入り組んでいて、箱根関所に近い東寄りの小田原町は小田原藩、西側の三島町は韮山《にらやま》代官所の管轄だし、さらに箱根権現の社領まである。土左衛門が出ると朝のうちにパッと向うへ押し流しちゃう。（笑）湖水ぎわには町と町の境杭《さかいぐい》が打たれていて、水死人がこの杭に引っかかっていたりすると、「頭が、西に向いておるゆえ、三島町じゃ」「いや、頭の向きはこちらでも、身体はおおかた小田原町にある。埋葬はそちらで受け持たっしゃい」なんて喧嘩になっちゃう。（笑）

とにかく江戸時代への現代人の誤解は相当なものね。斬り捨てご免の、無政府状態みたいに思ってる人が多い。

永井 いまより、地方の権力は大きかった。徳川幕府が全国統一を成し遂げたとはいえ、各藩主はやはり一国一城の主だから、自国をきちっと治めようと大変に努力している。

杉本 百姓一揆など起こされたら、領主自身、責任を問われるもの。

永井 日本にはもともと暴君ネロみたいなワンマンはいない。組織的運営ができている。それが江戸時代になるといっそう巧妙になってきた。明治政府も徳川時代のそういった行政的な組織をずいぶん受け継いでいる。

杉本 ボスの人間的魅力が大きなウェイトを占めるのは、むしろ戦国時代のような乱世のときよ。組織社会になると、将軍など無能でかまわない。

永井 専制君主は必要ない。

杉本 そのかわり、官僚支配に特有の悪い面も出てくるけれど、専制君主を出さないというのは、大きな利点ね。

江戸の教育ママ

永井 あなた、吉川英治文学賞を受賞した『滝沢馬琴』という本を書いたでしょう。馬琴が失明したあと、嫁のお路が口述筆記したけれど、当時の女性としては、非常に努力の要ることでしょうね。

杉本　馬琴は文化（一八〇四―一八年）、文政（一八一八―三〇年）、天保（一八三〇―四四年）、弘化（一八四四―四八年）と活躍して、嘉永元（一八四八）年になくなる。つまり、もう江戸も末期なのね。そのころの町家の――お路の実家は大名家に出入りを許されているちょっとした町医者だけど、その程度の家庭の女の教養度がどの程度だったかは、よくわからないのよ。まあケース・バイ・ケースでしょうね。記録としてはっきり残っているわけではない。でも草双紙ぐらいはみんな読んでたと思う。

草双紙はうちにも少しあるけど、全部平仮名。だから、現代人にはかえって読みにくいけど、漢文的な章句は使っていないから、意味はよくわかる。「総体的」を「そうたいてき」と書かれるとわからないけど、「あれもこれも」といった調子だからいいわけね。

女の子も寺子屋へは行っている。女の子の場合は御殿勤めが上級教育機関であり、嫁入りの格にひびくのね。寺子屋は御殿勤めの予備校。

永井　そうなのね。

杉本　御殿勤めに出るのに、いろはの「い」の字も知らないのでは困るから、寺子屋に行って、「国づくし」とか「大名づくし」ぐらいを習う。

永井　地理の勉強ね。

杉本　地理と同時に文字を覚え、常識を覚えるということね。「童子訓《どうじくん》」「いろは」なども勉強する。何を教材にするかは先生の考えよ。

予備校にやっておいてから、その家の格によって、大名家へ奉公に出す家もある、旗本邸に出す家もある、御家人やただの勤番侍の家に行かせる家もある。ともかく武士は、士農工商のトップだし、当時とすればインテリよね。指導層と見られていたわけだから、そうしたお屋敷に娘を勤めさせることで、行儀作法や一般教養を仕込んでもらう。

だけど、大奥とか大名家へのご奉公となると、なかなかむずかしい。しかるべきコネを通して、豪商の娘などがあがるケースが多いのね。勤めに出る前に琴、三味線、お花、お茶の基礎ぐらいは学んで、乳母を付け、簞笥にいっぱいの衣装を用意して、嫁入りみたいな仕度で行かせた。だから親は、わずかな給金など当てにしない。むしろ出銭《でせん》ですよ。その代わり箔がつく。なになに屋さんの娘さんは大奥の、たとえば、絵島様の部屋子になった。あるいは出世してお役職についた、などとなれば、実家を上回るような大商店へお嫁入りする格が生まれるのね。

大奥にはいろいろ遊芸の師匠なども来るから、お琴は何流、生花は何流というように習わしてももらえる。本格的な女子教育が施されるし、下《さが》るときには衣類だの金子《きんす》銀子などくだされ物もたくさんあるの。そして商家の主婦に納まれば、もうどのような親戚づきあい、会合や客あしらいにも退《ひ》けをとらない気品と行儀作法を心得た嫁女となるわけね。

永井　いまでいうと大卒ですね。

杉本　それも、聖心ふうお嬢さま大学。

永井　式亭三馬《しきていさんば》の『浮世風呂』に面白い話がある。町娘が二人、こぼしているのね、お稽古が忙しくてしょうがないと。

杉本　私、その話よくいまのお母さん方にするのよ。教育ママというのは近ごろ出てきたものではない、すでに江戸時代からあったって……。

永井　そうなのよ。

杉本　女の子の一人が友だちにこう言うのよね。「おまへのおッ母さんは気がよいからよいがね。わたしのおッ母さんはきついから無性《むしよう》とお叱《しか》りだよ。まアお聴《きき》な。朝むつくりと起ると手習《てならへ》のお師《し》さんへ行《いつ》てお座《ざ》（机）を出して来て、夫《それ》から三味線《しやむせん》のお師《し》さんの所へ朝稽古《げいこ》にまゐつてね。家《うち》へ帰つて朝飯《あさまんま》を食べて踊《をどり》の稽古からお手習へ廻つて（中略）夫《それ》から帰つて三味線《しやむせん》や踊《をどり》のおさらひさ。（中略）其内に、ちイッとばかり遊《あす》んでね。日《し》が暮《くれ》ると又琴《こと》のおさらひさ」。（笑）とにかくハードスケジュールなのよね。おっ母さんがおさらいしろと言うと、お父さんは「何の、そんなにやかましくいふ事はない。あれが気儘《きまま》にして置《おい》ても、どうやら斯《かう》やら覚《おぼえ》るから打遣《うつちやつ》て置《お》くがいい。御奉公《ごほうこう》に出《で》る為《ため》の稽《けい》古《こ》だから、些《ちつ》と計覚《ばかしおぼえ》ればいい」と言うけれど、おっ母さんが承知しないとこぼすのよね。「あれが大きくなつたとき、とうかい（後悔）とやらをいたします」って……。

永井 そのおっ母さんは、「幼《ちいさ》い時《とき》からむしつ（無筆）」で、「遠《とほく》の方でお産《うまれ》だから、お三絃《しやむせん》や何角《なにか》もお知《しり》でない」から、そうなるとかえって。（笑）

杉本 すごい教育ママになるのよねえ。

永井 もう一人の娘の方のお母さんは、七《ななつ》の歳にお屋敷にあがって、「地赤《ちあか》だの地白《ぢじろ》だの地黒《ぢぐろ》だの（いずれもうちかけ）、紫縮緬《むらさきちりめん》の裾模様《すそもやう》だの、惣模様《そうもやう》だの、大振袖《おほふりそで》だの、帯《おび》は黒天鵞絨《くろびろうど》のや、厚板《あついた》（絹の練糸をたて糸に、生糸をよこ糸にして織ったもの）のや、何角《なあにか》を、お長持《ながもち》に入《こ》て、たアんと持《もつ》てお下《さが》りだけど」、亭主が道楽者で、皆なくしてしまったというように、まったくいま聞くような話ね。

杉本 そのおふくろさんは、自分がれっきとしたお屋敷に仕えたから、この子もその何々様に奉公させようとしているわけね。つまり、二代勤め、三代勤めといって、前田侯なら前田侯に、祖母、母、娘と勤めにあがるのが、価値あることになるらしいわ。

永井 東大三代卒業なんて大変だものね。

杉本 親より格の下る屋敷へ娘をやりたくないのよ。

永井 何とかの家柄でなければいけないなんていうけど、そのくせ、意外と融通無碍《むげ》で、名義貸しとか養女とかの形で入るでしょう。

杉本 そうなの。町家出身でまずい場合は、名前だけ武家の養女になる。天皇家などに勤めるときは、ことにそうね。

永井　そう。賀茂神社の社家の娘ぐらいまでは御所勤めができるわけだけど、その社家の娘というのはほとんど名義貸しで、もっと下の庶民の娘たちがお勤めしている。

母権は強かった

永井　さっき「腹は借物」という話が出たでしょう。本妻に子ができないとお妾さんを入れてできた子供を引きとって後取りにすると。ところが、面白いのは、当主が死んでその子供が跡を継ぐと今度は生母がやっぱり力を持つのよ。

杉本　そう。生母も保護される。何といっても血の繋がりは強いわ。

永井　日本の家族制度の面白いところだと思うけれど、母権が常に強いのね。だから、たとえば明治の元勲の岩倉具視《ともみ》は堀河という家から岩倉家に養子に入ってそこの娘と結婚し、子供もできるんだけど、その子があまり出来がよくない。そこで膳所《ぜぜ》あたりの農家の娘を膳所の藩士の娘として入れて子供をつくるんだけど、その子を産んだ女《ひと》は、具視が生きている間は女中名で呼ばれている。具視が死んで自分の産んだ子が当主になると、「御後室様《ごこうしつさま》」と呼ばれるようになる。それは将軍様でも同じ。一種の母の権利ね。

杉本　そう。お腹様《はらさま》よ。産んだ子の代になるとはじめていっせいに格上げされる。

永井　江戸社会では女は法的には認められていないのよ、財産を処分するにしてもね。

だけど、慣例として母権は非常に強い。

杉本　法的に認められていない代わり、責任も問われなかった。由井正雪《ゆいしょうせつ》の事件（一六五一年）で丸橋忠弥《まるばしちゅうや》の妻子までが連座して殺されたような例もあるけど、反逆罪みたいな重罪でない限り女子の責任は問われない。

永井　納税者でもないし。

杉本　現代のように、夫が罪を犯しても、人権擁護のために妻や子の名前を出さないという意味での保護じゃなく、人権を認めないが故に責任も問わないという形ね。女が主体となってやる犯罪でない限り助かる。

女の物見遊山

永井　法的に認められていないから楽しみがなかったかというと、そうでもない。文化・文政の頃になると、「物見遊山をしてお茶を飲む女は離縁していい」なんてことはまったく通用しなくなる。女が大物見遊山《おおものみゆさん》をしている。

杉本　亭主はあくせく働いているのに、カルチャー・スクールだ劇場だって、どこを見ても女の人ばかり。なんでこんなに主婦は暇なんだろうと思うことがあるけど、昔だって、芝居といえばお客の大半は女よ。（笑）江戸の娯楽の華は芝居だから、男だってずいぶん血道をあげた。でも女も大っぴらに楽しんだわね。それに、男づきあいがあれば、働かされた女たちのためにも必ず女の息抜きが用意されていた。女正月とか、女だけの花見とか。

永井　これは福岡女学院短期大学教授の前田淑先生が調べたことなんだけど、前田先生はずっと女の旅日記を集めているんですよ。

たとえば、九州の遠賀川《おんががわ》の流域の商家の家ですけど、近くに本居宣長《もとおりのりなが》の孫弟子がいて、夫婦で和歌を習っているんだけど、その仲間の気の合った三人ぐらいが女だけで旅行に出かけるの。夫がある人も寡婦もいるの。夫はるすばん。それで半年近くも家を空けるの。私、とってもそんなことできないわ。（笑）京・大坂、伊勢を巡って、軽井沢を通って江戸までいってるの。

杉本　神詣でや寺詣でを名目《めいもく》に掲げればいいのよ。「お伊勢参りです」「善光寺参りです」という大義名分がつけば、その間、温泉で遊ぼうとこっそり役者買いしようと、大目に見られる。

永井　男も大店《おおだな》の旦那となると、近所で遊んでは奉公人に示しがつかないから、何とか詣でとかで出かけて、精進落《しょうじんおと》しとかいって見えないところで大いに遊んでこようという。だから日本人はみんな敬神の念が厚いわけよ。（笑）

杉本　大寺大社の門前町には必ず遊廓がある。

永井　だけど、その長期旅行した女の人たち、ちゃんと和歌を詠んだり、旅日記をつけたりしているのよ。そして、お金のある人はそれを自費出版している。

只野真葛

杉本　馬琴のところに原稿を送ってきた仙台の只野《ただの》真葛《まくず》もそうじゃない？　父は仙台藩の侍医で、夫も仙台の上級藩士だったけど、いまは未亡人暮し。土産物といっしょに原稿を送り届けて「先生、原稿を見てください。出版していただけないでしょうか」

永井　馬琴の方はしかし、ちっとも版元に紹介してくれない。これも、ひどい人よ。（笑）

杉本　馬琴は鈴木牧之《ぼくし》があれほど待っても『北越雪譜《ほくえつせつぷ》』の出版に労をとろうとしなかった。だから「馬琴は意地悪だ」と後世、言われることにもなるんだけど、意地悪というのは、ちょっと当らないのね。馬琴は凝《こ》り屋というか、とことん完璧主義者で、しかもプロ意識が猛烈に強いから、「馬琴校閲」と刷り込む以上は、暇にあかして書いた地方の物持ちの膨大な原稿を、自分が気に入るまで手を入れなければ納得できない。「そんな時間は忙しくて蹴出せない」というわけ。（笑）それでぐずぐずと延びちゃうの。ところが山東京伝なんかはいいかげんでしょう。「はい、『京伝校閲』としてほしいんですね。では名前だけ貸しましょう」と気やすく版元に紹介したから、京伝に肩代わりしたとたんパッと出版できちゃった。

つまり、性格の差ね。馬琴はなにも鈴木牧之に悪感情をもっているわけじゃないのよ。只野真葛に対しても、四角四面に対そうとしたところがある。

永井　だけど只野真葛というのはユニークで面白いわね。エッセイストとしてさめた目を持っている。

杉本　徳川期の女の書いたものは「柳は緑、花は紅」そう見なきゃいかんといった定型があって、紀行文にしても、美しいところに来れば「白砂青松、波打ち寄せて千鳥舞う」としか書けない。そんな中で、只野真葛は大いに異端ね。だから、はじめはその手蹟のみごとさや才能の豊かさに瞠目《どうもく》したのだけれど、やがてその異端ぶりに馬琴あたり、ついて行けなくなる。彼くらい杓子定規な大常識人はなかったもの。

永井　なるほど。

杉本　なにしろお上の法に触れず、世間的良識に抵触せず生きることこそが正しいのだという信念を持っている人でしょう馬琴って……。真葛の論は異端すぎるのよ。それでだんだん気に入らなくなってきた。（笑）

永井　見方はちょっと清少納言に似ているところがあるわね。

杉本　うん、似てる。少し斜《しゃ》に構えたり、捻《ひね》ってみたり。

永井　真葛の文章のなかには当時の社会情勢が出ている。江戸時代には「不義密通はお家の法度《はっと》」というのがあるんだけど、松前藩の藩士が江戸勤めをしているうちに、ある未亡人と関係ができて、子供ができちゃった。真葛のお父さんは医者だから、そこへ慌てて駆け込んできた。

杉本 堕《おろ》してくださいってわけね。

永井 女は、「そんなことは心配するな」というし、真葛もそう思っている。そうするとはや苦しみ出しちゃう。

杉本 臨月だったの？

永井 そうなのよ。それで医者が女のところに行くわけだけど、女はもうしゃあしゃあとしていて、「ちょっと難産でございましたけれども、もう後産《あとざん》もおりましてすっきりいたしました」なんていうの。「松前なんかから出て来るポッと出の田舎者の気の小さなことよ。あれでは大して出世はできないと親父殿がいったけど、確かにその通りだ」なんて書いている。

杉本 真葛にはたしかに当時の女の尺度を越えたところがあるわね。「雲水が専心、修行する必要から、自分の一物を切断したなどという話を聞くと、女の身にはじつにいさぎよいことに思うけれども、同性の陰部に蛇が入ったなどと聞くと身の毛がよだってうす気味わるい。これは自分が女体の所有者だからで、逆に男は、女陰と蛇のとり合わせを耳にしても、さほど怖ろしがりはしないだろうし、かえって同性の一物切断の話に慄《りつ》然《ぜん》とするにちがいない」なんて、馬琴の常識からすると、口が裂けても女がいうべきことでないことを平然と書いてくる。

永井　真葛のお父さんは田沼意次《おきつぐ》のブレーンだったから、真葛にも田沼的なものの考え方があるのね。

杉本　なにしろ家柄はいいし、字はみごとだし、文章もうまい。「こういう女弟子を持っていることも楽しいな」と、馬琴もはじめは気持が動いたのね。けれども、最初の手紙に「馬琴さま、みちのくの真葛より」とあったのがそもそも癇にさわってね。さっそく返事を書いて一本決めつけた。

「いやしくも草稿の推敲《すいこう》を乞う以上、刀自《とじ》は弟子であり自分は師である。師には師礼をもって遇すべきではないか。平賀源内が儒学蘭学の上では鳩渓《きゆうけい》、戯作には風来山人、浄瑠璃作者としては福内鬼外《ふくちきがい》と号し、また大田覃《たん》が、儒学では南畝《なんぽ》、狂詩では寝惚《ねぼけ》先生、狂歌狂文の世界では四方赤良《よものあから》などと号してはいても、それを混同し、学問づきあいの上で風来先生、寝惚先生とはだれも呼ばぬであろう。自分の場合も同様である」と。

そうしたら、二度目は打ってかわって、「滝沢解大人《とくうし》先生様、御もと。あや子」と大改まりに改まって来た。（笑）

それで馬琴は「うん、よろしい。ものわかった女だ」ということで、文通が始まるんだけど、そのうち真葛の方がちょっと狎《な》れて甘えてね。もっとも馬琴は手紙上手な人で、自分だけが特に目をかけられているんじゃないかと錯覚するような手紙を書く人だけれど。

「〝独考《ひとりかんがへ》〟のこと忘れ給はずや、かねての約束たがへ給ふな」と、〝独考〟という、かねて預けてあった草稿の添削、出版をうながす言葉を書いた。そこで馬琴がカッと怒っちゃったのね。（笑）もともと堅物《かたぶつ》でしょ、女の甘えをよろこべない。むしろ無礼ととるのね。

「ながく御交誼をねがいたいとは思うけれども、男女の交際というものはとかく世間から誤解されやすい。〝李下《りか》に冠をただきず、瓜田《かでん》に履《くつ》を納《い》れず〟のいましめもあることゆえ、今後、文通はおことわり申したい」

と絶交を宣言した。ところが、ずっと後になって、自分も老いて過去を回想し出すと、周囲にいる老妻のお百とか嫁のお路とか、娘たちもみな無知蒙昧な町女房……。話相手にもならない。そんな連中と比べると、あの女性は文雅を解した、無味乾燥した自分の生涯に、ほのかな香りを添えてくれた人だったと、懐しむようになる。そこで仙台に行くという友人にたのんで近況をそれとなく問わしめると、「もう亡くなりました」というのね。そこではじめて「大変惜しいことであった」なんて日記の中で追悼しているの。

お路と馬琴

永井　でも私は、お路はよくやったと思うわ。

杉本　やった、よくやった。平仮名の草双紙レベルの人が、馬琴の、あの佶屈《きつくつ》とした言いようのない文章をマスターしたんですものねえ。

たとえば「漁師《りょうし》」という言葉ひとつでも馬琴の手にかかると「漁戸們」となる。（笑）「すなどりびと」とこれにルビをふらせるのね。厄介な作家よねえ。だから、まず仮名ばかりで書き取ったと思うの。「かかるところに、このうらべなるすなどりびとらが……」というようにね。それを今度は漢字に直す。「さんずい」なんていってもわからないから「こう書いて、こう……」と宙に手を動かして指示するわけ。それでも馬琴がわかっている字ならよいけれど、馬琴もはっきりしなくて字引を引こうとすると、もうお路には引きようがない。

永井　本当ね、われわれがABCを読めるぐらいで英文速記をやらされているようなものよね。

杉本　それでもやっと苦心惨憺《さんたん》のあげく、「浩《かか》る処に、這浦辺《この》なる漁戸們《すなどりびと》らが……」という一行が出来上る。大変な作業よ。つまり、人間には誰にも可能性が眠っているということね、無理矢理にでも引き出せば、お路みたいに、その可能性が目をさますのよ。

永井　いまの教育では、詰め込み主義はいけないと決め込んじゃうところがあるけど、そうともいえないわね。人間の頭はコップと違う。一リットルのコップには一リットルの水しか入らないけれど、人間の脳は溢れるなんてことない。

杉本　脳の出来にもよるだろうけど。（笑）やってみなければわからない。使えば使うほどシワがふえて大きくなるかもね。

永井　お路は漢字を知らない、知識もない、ごく普通の人だったと思うんだけど、その普通の人でもやればできるというところに、非常な魅力があるのね。

杉本　それで、いよいよ『南総里見八犬伝』が大団円を迎え、脱稿した後、馬琴は実情を口述するのね。その文章のなかで、「縫針《ぬひはり》の技《わざ》、薪炊《かしぎ》の事などこそ他《かれ》が職分《ぶん》なれ。文墨風雅《ほくみやび》の事に代らせて」「困《こう》じながらも倦《うま》でよく勉《つと》むるにあらざれば、這十《このと》巻《まき》を綴《つづ》り果たして、局を結ぶに至らんや」と、お路の労を紹介している。漢文的な誇張はあるかもしれないけれど、裁縫、料理が本分だった。困《こう》じ果ててただ泣くこともあった。舅と嫁、途方に暮れながらもようやく完成したと書いているのは、ある程度実情でしょうよ。

永井　そうだと思う。

杉本　努力ね。しまいにはお路の字は馬琴そっくりになってくる。「色紙を書いてくれ」などと持ってこられるとお路が代筆するわけよ。色紙短冊などを書いて渡すと謝礼をくれるので、一種の内職よね。それがもう、馬琴そっくりな字なのよ。やがて、馬琴がなくなると、『著作堂雑記』の最後に、それこそもう独立独歩、彼女自身の文章でその様子を書いているんだけど、立派な文章よ。

「(嘉永元年)十一月五日、竹瀝《ちくれき》を用ひ申すべきむね仰せらるるにつき、(草間)宗仙に問ひ合せ候ところ、至極よろしきよし。渇《かつ》はなはだしく葛湯《くずゆ》片栗《かたくり》そのほか益気散などを用ゆ。御雑談、平日の如し。その夜に至り御遺言仰せらる。その後、御胸痛煩悶はなはだしきこと両三度。それより少々納まり候やう存じ候て、六日暁《あかつき》、寅《とら》の刻《こく》に、端然《たんぜん》として御臨終あそばされ候。年八十二」

もはやだれの指示でも口述でもない。お路自身、これまで書けるようになったわけよね。

近代はまだ遠い

杉本　先進国に追いつけ追い越せとばかり躍起《やつき》になって学んだ飛鳥、奈良時代、たとえば正倉院御物として残っている光明皇后《こうみよう》筆の『楽毅論《がつきろん》』にも見られるように、トップ・レディたちの教養度を高めよう、また本人たちも高まろうと努力した時代などと比べると、徳川期は女が学問的教養や社会的視野を身につけるチャンスが非常に少なく、また奨励もされなかった。そのため女自身の意識も低次元なままで止まっていたといえるわね。

永井　真の意味での理論的、体系的な学問、近代科学としての学問はついに生まれなかった。

杉本　官学である儒学、それも朱子学は必須科目として学ばされる。文武両道で、武士は剣術もならわされるけど、いまあちこちで、徳川期、博物学が生まれていたというような意見を目にするでしょう。

永井　江戸時代にすでに日本の近代は始まっているという説もあるけど……。

杉本　そう思う?

永井　もちろん、以前認識されていたよりも、女の人にも勉強するチャンスはあったし、知識もあった。庶民の教養は、レベルは高くないけれどもかなり広がりがあった。これは近世のヨーロッパと比べてもかなりのものだったといえると思う。

杉本　文盲率も低い。

永井　でも、それだからといって、近代化が始まっていたとはいえない。

杉本　私はね、徳川中期以降を「随筆の世紀」と呼びたいの。徳川氏の政策じたいが、近代的な学問の擡頭《たいとう》を許さなかったし、もしそのなかで開明的な人がいて、たとえば、蝶なら蝶に興味を持ち、いろいろな蝶を集めたり観察したとしても、せいぜい外形によって分類をするぐらいで、もう少し深く、蝶の生態を調べるとか生物学的意味で系統立った分類をするところまでにはいかない。百蝶図といった図譜や随筆のような形で蝶の話を出版するだけで頭打ちなのね。

永井　私は茨城県の古河《こが》の育ちだけど、古河藩の藩主の土井利位《としつら》という人が『雪華図説』という本を出しているんですよ。京都へ行ったり大坂城代をしたりしているから、各地で雪の結晶を見ているわけ。古河藩の家老というのが渡辺崋山が画像を残している蘭学者の鷹見泉石《たかみせんせき》ですから、オランダ渡りの顕微鏡を手に入れて、それで見たらば、どこの雪も同じだということがわかった。これは当時としては大発見なのね。けれどもこれは第一歩よ。

杉本　なぜ六角形の結晶になるのか……。

永井　雨とどういう関係があるのか……。

杉本　霧とはどうかかわるか、大気、空気とは何だろうか。そういった疑問は生まれないし、問題意識も持たない。

永井　だから、そういった観察記録が盛んに出たからといって、江戸を近代ととらえるわけにはいかない。

杉本　平賀源内を日本のレオナルド・ダ・ビンチという人もあるけど、彼は一種の特許マニアよ。

永井　源内もエレキテルを発明したり、鉱山に手を出したりしているけど、日本全体として見て、江戸時代は、マニュファクチャーが起こって封建的生産関係を揺り動かすまでにいたってはいない。

杉本　各藩の自治体制のなかで、手工業刷新、特産物の増加・保護・育成をはかることから、職人技術が洗練されてはいったわ。でもそれは、前時代的なものへの批判から産業革命的な変革が起こったということとは、ちょっと違うのよね。

永井　女の人も確かにわれわれが考えているよりもインテリよ。漢詩、漢文をよくする人もあった。しかし、ではいざ離婚となれば、やはり、女の方からは離婚できない。法律にしばられてるから。それでも、どうして女はそういう立場に置かれているのか、その枠を突き破らなければ新しい時代は来ないとは、誰ひとり考えない。

杉本　和歌をよくするといっても、たとえば鶴の題詠だと、見たこともなくても昔ながらのきまり通りに「御池《みいけ》の鶴は目をさますらん」と詠むだけなのね。現実に鶴を見に行こう、そうしたら別の歌がつくれるんじゃないかという、作歌意欲の脈動に根ざした変革が文芸の世界においても生まれてこない。

永井　いくら豊かになった、文化を享受することができたといっても、私はおのずとそこに限界があると思う。そのことは現代に重ね合わせてもいえる。男社会のなかで出世して立派な仕事をしている女性が最近目立っているけれど、問題はそこから先よ。

武士たちは鎌倉幕府ができる前は、京都の朝廷の秩序のなかに組み込まれて、そのなかで出世することだけが生きがいだった。そのためにはお金を積んでも位をもらおうとしたんだけれど、鎌倉幕府は、もうそれじゃ駄目だ、幼稚なものであっても、自分たちの秩序というか、法律をつくろうとして、時代の諸問題を克服し、新しい時代をつくりあげていった。

杉本　個々の内部から噴出して、彼らを突き動かす力が、江戸時代は弱いのね。それだけ逆に、体制的な規制が強く、巧妙でもあったといえるけれど。大田蜀山人《しよくさんじん》（南畝《なんぽ》）っていたでしょう。下吏ではあったけれど、幕府の役人で……。

永井　長崎奉行所に勤めたこともある。

杉本　そう。その長崎在住のとき、たまたまロシア艦隊が入港して来た。ところが、彼の日記を読むと、国際的な動きとか日本が置かれている現状については認識はおろか関心もないのね。彼はロシア艦隊と交渉する上役に随行して艦内へ行ったんだけれど、ロシア人と握手したとか、オランダ船でコーヒーというものを振舞われたが焦げ臭かったとか、好事家が面白い体験を書きとめている域を少しも出ていない。当時、一流の知識人で、しかも長崎勤務の幕吏だった蜀山人といえどもその程度だった。

永井　歴史についての感覚、社会が動くということについての関心がないのね。閉ざされ、停滞した社会だから仕方がないところかもしれないけど、これが江戸文化人の弱いところね。

杉本　進士慶幹先生の『江戸時代の武家の生活』というご本に、第二次長州征伐に参加した幕府方の武士の記載があるの。彼らの在京在坂中の日記なんだけど、「今日は昵懇《じっこん》になった何々屋を皆で訪問して馳走を受けた。今日はご馳走のお返しに娘を芝居に誘った」といった事柄ばかり……。長州藩との戦いに従軍してる最中なのよ。(笑)

彼らはお互いに「喜多八」だの「筒《つつ》ナシ」なんて符牒で呼びあって、今日は喜多八が「団子をへたくた喰い込み気重く相成り」とか町人どもと花見にくり出て「みなみな娘たちと鬼ごっこをいたし、いずれも転ぶやら起きるやら大さわぎ」とかね。これじゃ負けるわよねえ。(笑)

永井　だけど、蜀山人は狂歌はうまいわね。

杉本　そうね。狂歌で名を成した人だから……。

永井　でもそれには限界があるわね。現代でも言葉あそびがはやって、そういう名人がもてはやされているけど、本質的な社会批判のパワーにはなれないんじゃないか。

見当らないアウトロー

杉本　徳川期というのは、無宿人ややくざ、遊び人など、一見アウトローの輩出がさかんなように見えるけど、本当の意味でのアウトローが出なくなった時代でもあるわね。『宇治大納言物語』を書いた源隆国《たかくに》とか、地震、火事、疫病といった災害のさなか、日野山《ひのやま》に籠って『方丈記』を書いた鴨長明、あるいは『徒然草』の兼好とか、数ヵ国の守護にまで成り上り婆娑羅《ばさら》にうつつを抜かした佐々木道誉《ささきどうよ》というような、反時代的批判精神をもった知的アウトローは出て来なくなった。

永井　そうね。

杉本　芭蕉《ばしょう》にしても、実際は、旅をすれば各地に結社やお弟子さんがいて、草鞋《わらじ》銭を貰い、ご馳走をいただきながら、先生先生ともてなされて歩いている。宿駅の間の山道などにはどんな災難が待ちうけているかわからないし、それなりに危険な旅だったかもしれないけど、我が身を徹底的に世間からのはみ出し者、余され者の位置に置き、その孤独の中で〝時代〟を見据える眼を研ぎ澄ませたわけではない。

永井　頼山陽《らいさんよう》なんかもそうね。安芸広島の学問所を優秀な成績で出、江戸にのぼって昌平黌《しょうへいこう》に入ったけど、周りがエリートばかりで挫折してちょっとグレたり、ノイローゼにかかったりしながら、普通の人には書けないところを書いたけど、彼自身本当に時代に対し、体制に対し批判精神を持っていたかというと、疑問ね。

彼はもう少しで昌平黌の先生になるところだったのよ。死んじゃったから、結局実現しなかったの。それで「在野の人頼山陽」ということになっているけど、もう少し生きていたら昌平黌の先生、いわば東大教授になっていた。やはり彼もそのことに価値を見出している人間なのよ。

杉本 乱世じゃないからかなあ。知識人に必須な批判の鋭角性が、泰平の持続によって磨滅したともいえるね。だからやはり、ここでも徳川三百年という時間の長さを考えないといけない。最近むしろ「どうして三百年間も同一の体制が、戦乱なしに続いたか」という視点から、改めて江戸時代が研究されはじめているけれど、三世紀に亙る長期政権の持続というのは、ある意味では異常ともいっていいのよね。

将軍から天皇へ

永井 私は、暴論かもしれないけれど、本質的なことを考えると、江戸を近代に持ってくるよりも、明治以前までは中世だと考えたほうがいいんじゃないかという気がする。文化だけを見てると、土台を見逃すわよ。やはり農民の年貢なんかは封建的。町人だって「市民」にまではなってないわ。

幕末の志士たちにしても、本当に革命的精神をもって動いたかというと、そうではなくて、現状に対する不満だけなんじゃないか。結局、徳川政権じゃ駄目だから、薩長政権だといった意識しかない。

杉本　平家から源氏へというのと質的には大差ないのよ。

永井　そう、本当の意味での近代社会を目指した人は、ほとんど皆無といってもいいのではないかと思う。

杉本　ごくごく少数はいたろうけどね。われわれが勤皇の志士として学校で習い、戦後、ある意味では批判もしてきた連中に、真の革命意識を求めようとするのは、本来訝《おか》しいと思う。イデオロギーが天皇親政の王政復古よ。そして出来上った形が薩長閥政権だものね。底辺から自然発生的に沸き上った革命への欲求とはちがう。それなのに、民主的な革命運動と維新の志士の活動が混同されて、いままた若い人たちに彼らが英雄視され出してるのは危険ね。

永井　私は、図式的かもしれないけど、徳川三百年で本当に市民社会が育っていたのかどうかということにこだわりたい。明治維新は市民革命ではなかったのではないかということね。そこに明治の評価と、現代に繋がる日本の問題点がある。坂本竜馬がどこまで近代的自我に目覚めていたか。

杉本　ごく怪しい。彼らの頭の中に「日本人すべてのための討幕運動」などという観念は、まず、なかったと思う。「打倒徳川」を発想する根を、民衆に置いたとは思えない。一部分、そのパワーを利用はしたけれどね。

永井　大久保利通はとても頭がいいから、はじめは明治維新を薩長政府の樹立としか考えていなかったのが、海外をまわってそれじゃ駄目だということがわかった一人だと思う。だけど、彼のビスマルク髭に象徴されるように、形から入っていって、「ドイツ方式で行こうや」とか、「イギリス方式で行こうや」とか……。

杉本　「日本の国体に一番ビスマルク方式が合いそうだから」と……。

永井　既製服を選ぶような感覚。

杉本　だからこそ、戦前戦中のあの体制が出来上ってしまったのよ。将軍を頂点とする幕藩体制から、天皇を頂点とする閣僚支配に変わっただけで内実はほとんど不変だった。つまり明治維新は、本当の意味で革命ではなかったということよね。

明治の女

生き続ける江戸

永井　女の歴史をみると、いっそう江戸と明治でいったい何が変わったのかと考えざるをえない。幾松《いくまつ》にしても木戸孝允《きどたかよし》とめぐりあわなければ、志士を助けて働くなんてことはそもそも考えないですよ。男女の情の延長であって、自発的な発想から出ているものでは決してない。

杉本　松尾多勢子《まつおたせこ》とか若江薫子《わかえにおこ》とか、佐幕派では村山たか女など、少しは自分で学びそれなりに自分で考えて、行動に出た女もいたけど、ほとんどが男への愛よ。まず肉体の結びつきがあり、あとはそのきずなからやみくもに男のあとについてゆく。ワンクッション、男の存在を置いてでしか世間を知ろうとしないから、じつは佐幕も尊攘もわからないし、そんなことはどうでもいい。ただ愛する男のためにアジトを提供したり密書の受け渡しを引きうけるなどして尽くすのね。花柳界の女にはことに侠気とか意地とかいった心理から、危険をものともせず愛人をかくまったりするケースが多い。

永井　志士たちは花柳界でしか英気の養いようがなかった。フランス革命前夜、哲学者や科学者をサロンに集めたジョフラン夫人のようなブルジョアジーの女性は出なかった。

杉本　花柳界との関係は明治になっても続くでしょう。伊藤博文の夫人は馬関の小梅という芸者だったし、桂太郎の奥方も名古屋の料亭の娘だった。花柳界出身の女性たちが明治政府の陰での支え手だったというあたりに、日本的風土の特色があるわね。

永井　明治十三（一八八〇）年までは法的にはまだ妻と妾は同等だったんですものね。妻も妾も戸籍は同じ。

杉本　権妻《ごんさい》だもの、名称からして……。（笑）

永井　だから近代化といったって、明治になっても個人のモラルはまだ江戸時代のままなのよ。

杉本　蓄妾《ちくしょう》も芸者遊びも男の甲斐性。こういう古めかしい考え方や、女性側の許容の仕方がまったく消えたのは、ごく最近になってからじゃないかしら……。

永井　私ね、福沢諭吉一万円札おじさまにはちょっと文句があるの。（笑）『学問ノス、メ』はいいし、「天は人の上に人をつくらず」という言葉は見事だけど、やっぱり男性なのよ。二号はおかないで、非常に円満で健全な家庭をつくった。これはその当時としては大変なことだけども、女も独立して社会に出ろとは言わないし、娘は働きのある男に嫁がせるというのが理想で……。

杉本　対女性観の、一つの限界ね。諭吉ほどの人にもそれがあった。日本で初めてダム式水力発電を始めた養子の桃介《ももすけ》ね、彼に嫁《とつ》いだ房子にも、基本的教育の必要は感じ、英語のリーダーを読めるぐらいには教育を受けさせたけれど、横浜のミッションスクールに入学させた時は、寂しさに耐えかねて連れて帰ってしまう。（笑）

永井　建前と本音の違う明治の男が、実によく現われている。諭吉が「おまえも社会的な活動をしろ」と教えていれば、桃介との間が冷えきってしまえば、離婚したかもしれないし、自分の仕事を持ったかもしれない。しかし実際は房子自身そういうことは思いもつかなかった。

杉本　結婚を清算して教育家にでもなろうと思えば、彼女にはいくらでも場はあった。慶應義塾大学という後楯があるのですもの。

永井　明治の女の不幸ね。明治という時代は日本史のどの時代より女にとって残酷な時代なのよ。

杉本　もう少し房子の視野が広ければ、一生恨みの殻に閉じ込められるようなことにはならなかった。

永井　むしろ貞奴《さだやっこ》のほうが荒波に揉まれながら近代社会を生きたといえるかも……。

杉本　幼少から世間智《せけんち》に揉まれて育ったために、自覚していたかどうかは別問題として、生の軌跡から見ると、貞奴のほうが真の自立を遂げている。

　川上音二郎とのそもそもの結びつきも、彼が流れ者同然な「オッペケペ節」の頃はともかく、壮士芝居を始めて「板垣死すとも自由は死せず」などとやってみせると、歌舞伎も能も衰退していた時でしょう、「新しい演劇よ、出《い》でよ」という欲求にマッチして、大いに受けた。そうなると芸者連中が熱をあげる。その競《せ》り合いから貞奴はハッスルしたわけよ。

永井　なるほどね。

杉本　そして、ライバルたちを抜いて、川上と結ばれる。こんな場合もパトロンの伊藤博文からきちっと了解をとりつけて、そのブレーンの金子堅太郎に仲人を頼み、世間なみに式を挙げる。

永井　そういう意地というか、筋の通し方というのは、かえって水商売の人の方に多いのね。

杉本　そうね。彼女が舞台に立つようになったのも、アメリカを流浪中、女形が死んだために、仕方なしのピンチヒッターなのね。裏方でいたいのに、音二郎に「おまえ、唄えるし踊れるんだから、出てくれよ」と懇願されて。つまり出発点から受身だった。おきゃんなようでいて貞奴の本質は意外なほど古めかしいのよ。まあ明治の女全般に言えることだけど、旧道徳を金科玉条とするようなところがある。だから、ヨーロッパから帰ってくるととたんに音二郎に文句をいって、「外国では代役がいないから仕方なく舞台に立ったけど、日本に帰ってきてまで、なぜ女優をやらなければいけないのよ」ともめたりする。

女性史の表と裏

永井　私、あなたの『マダム貞奴』や『冥府回廊』を読んだときいつも頭にあったのは、樋口一葉なの。貧困の中で死んでいくでしょう。そういう明治の女と貞奴が対照的な感じがしたの。

杉本　一葉が死んだのは二十四歳ね。

永井　生まれたのが、明治五年。士族が没落していく中で、大変な苦労よね。

杉本　結核という国民病によって、ずいぶん有為の人材が途中で倒れた。これも明治から大正にかけての一特色よね。正岡子規だって若い。結核ではないけど、尾崎紅葉は三十五、夏目漱石は四十九歳でしょう。

永井　ともかく病に死ぬ人が多かった。

杉本　私の小説の主人公たちは、貞奴にしても房子にしても、明治、大正はおろか戦後まで生き伸びて、強靱な生命力を誇ったけど、実際の明治史は、夭折した人たちの才能と、健康人のバイタリティを縦横の糸にして織られている感じよね。

永井　そうなの。樋口夏子（一葉）は、親が早く死んでしまって、女戸主になるでしょう。明治は、女の独立は認めないくせに、家をつぶしてはいかんという。

杉本　だから、女ながらも踏《ふ》んばらざるをえない。戸主の立場に立たされれば……。

永井　男でないから、いろいろな負担がかかってくる。本当は、明治の女は人妻になる以外は食いはぐれるのよね。ほんとのこと言って、水商売の女が脚光を浴びるのは、まともな時代じゃない、と私は思うの。

だってヨーロッパではあの時期、キュリー夫人やローザ・ルクセンブルクが生まれてやがて自立の途を歩きはじめる時なのよ。それに比べると一葉は明治の被害者よ。貞奴はどんどん金持になるのに、一葉は悪戦苦闘して死んでる。

杉本　まだまだ一葉の生きた初期のころなんか、女の職業は水商売か女中さん。大別すればそれ以外にない。あとは紡績女工。電話ができてからようやく電話交換手。

永井　だから、一葉がものを書くというのは、われわれと全く違う状況の中でのことなのね。戸主として認められてはいたけれど、やはり一葉は明治の被害者だったという気がして。貞奴がどんどん金持になっていくのを、「ああ、もう一葉は死んじゃったか」なんて思いながら読んでいく。

ある意味では女性史の表と裏みたいな感じがしたわね。

杉本　最近、明治時代がたいへん明るく捉えられているけど、そうとばかりはいえないと思うのよ。いま日本は一等国と言われるようになったが、その源流をつくったのは明治維新で、元勲たちのおかげだというのよね。明治の政治家や軍人がプラス・イメージでのみ語られるようになっているけど……。

永井　それは本当に危ないことね。彼らは、国を誤らせ、国民を戦争に投げこんだ責任者でもあるんだもの。

杉本　われわれ、ずっと日本歴史の流れを追ってきた結果を総括すれば、今はまあいい方ね。まだ「まあ」とつくところが問題だが……。

永井　戦後ですよ、そうなったのは。「負けた」ということの意味をもう一度よく考えてみなければいけない。

杉本　まだ、明治や戦前の尻尾が濃厚に残っている部分もあるし、負けたことでダメージを受けた部分もあるけど、敗戦のおかげでようやくよくなった。じつに高価な代償だった。でもあのまま戦前の体制が続いていたらと思うと、そら恐ろしいね。

永井　本当にひどい国になっていたと思う。

杉本　ただ、こわいのは、戦前のあの、まっくらな閉塞《へいそく》状態を知らず、戦中の悲惨、戦後の混乱を知らない人々があらゆる分野で日本の中核を占めてきつつあるという事実ね。頭でいくら理解しても、人間って、体験しなければ判らない。千年の歳月をかけ、戦争によるおびただしい犠牲を払ってやっと手にしたものも、価値が判らなければまた再び失いかねない。

永井　その意味で、いまは一番大事なときね。とくに女性の問題でしっかりしないと。幸い戦後四十年、女性にも大学が開放されたおかげで女性史の分野で優秀な研究者が出てきているの。そういう人たちの業績が評価され、一般の方々がそれに耳を傾けてくださるといいのだけれど。

杉本　いずれ別の機会に、今度は明治から現在にかけてを徹底的に話し合いましょうよ。

永井　それだけで一冊の本が出来上がるでしょうね。

ごめんあそばせ　独断日本史《どくだんにほんし》　朝日文庫

2024年7月30日　第1刷発行

著　　者　杉本苑子《すぎもとそのこ》　永井路子《ながいみちこ》

発行者　宇都宮健太朗
発行所　朝日新聞出版
〒104-8011　東京都中央区築地5-3-2
電話　03-5541-8832（編集）
03-5540-7793（販売）
印刷製本　大日本印刷株式会社

ISBN978-4-02-265159-4

中山　七里
闘う君の唄を
新任幼稚園教諭の喜多嶋凜は自らの理想を貫き、周囲から認められていくのだが……。どんでん返しの帝王が贈る驚愕のミステリ。《解説・大矢博子》

葉室　麟
柚子《ゆず》の花咲く
少年時代の恩師が殺された事実を知った筒井恭平は、真相を突き止めるため命懸けで敵藩に潜入する――。感動の長編時代小説。《解説・江上　剛》

畠中　恵
明治・妖《あやかし》モダン
巡査の滝と原田は一瞬で成長する少女や妖出現の噂など不思議な事件に奔走する。ドキドキ時々ヒヤリの痛快妖怪ファンタジー。《解説・杉江松恋》

細谷正充・編／宇江佐真理／北原亞以子／杉本苑子／半村良／平岩弓枝／山本一力／山本周五郎・著
朝日文庫時代小説アンソロジー　人情・市井編
情に泣く
失踪した若君を探すため物乞いに堕ちた老藩士、家族に虐げられ娼家で金を毟られる旗本の四男坊など、名手による珠玉の物語。《解説・細谷正充》

村田　沙耶香
しろいろの街の、その骨の体温の
《三島由紀夫賞受賞作》
クラスでは目立たない存在の、小学四年と中学二年の結佳を通して、女の子が少女へと変化する時間を丹念に描く、静かな衝撃作。《解説・西加奈子》

湊　かなえ
物語のおわり
悩みを抱えた者たちが北海道へひとり旅をする。道中に手渡されたのは結末の書かれていない小説だった。本当の結末とは――。《解説・藤村忠寿》

朝日文庫

山本　一力
たすけ鍼《ばり》
深川に住む染谷《せんこく》は〝ツボ師〟の異名をとる名鍼灸師。病を癒やし、心を救い、人助けや世直しに奔走する日々を描く長編時代小説。《解説・重金敦之》

森見　登美彦
聖なる怠け者の冒険
《京都本大賞受賞作》
宵山で賑やかな京都を舞台に、全く動かない主人公・小和田君の果てしなく長い冒険が始まる。著者による文庫版あとがき付き。

横山　秀夫
震度0《ゼロ》
阪神大震災の朝、県警幹部の一人が姿を消した。失踪を巡り人々の思惑が複雑に交錯する。組織の本質を鋭くえぐる長編警察小説。

柚木　麻子
嘆きの美女
見た目も性格も「ブス」、ネットに悪口ばかり書き連ねる耶居子は、あるきっかけで美人たちと同居するハメに……。《解説・黒沢かずこ（森三中）》

綿矢　りさ
私をくいとめて
黒田みつ子、もうすぐ三三歳。「おひとりさま」生活を満喫していたが、あの人が現れ、なぜか気持ちが揺らいでしまう。《解説・金原ひとみ》

宇佐美　まこと
夜の声を聴く
引きこもりの隆太が誘われたのは、一一年前の一家殺人事件に端を発する悲哀渦巻く世界だった！平穏な日常が揺らぐ衝撃の書き下ろしミステリー。